Manual Anti-Tiranos

1426

Coleção
Direito & Arte

Organizadores
Leonel Severo Rocha
Germano Schwartz

Conselho Editorial
Wilson Steinmetz
Luis Alberto Warat
Juliana Neuschwander Magalhães
Marcelo Galuppo
Ricardo Aronne
Alexandre Morais da Rosa

Conselho Consultivo
Paulo Ferreira da Cunha
Carlos Lista
Albert Noguera
Juan Antonio García-Amado

M239m   Malato, Maria Luísa
        Manual anti-tiranos: retórica, poder e literatura / Maria Luísa Malato – Porto Alegre: Livraria do Advogado Editora, 2009.
        143 p.; 21 cm – (Coleção Direito & Arte: 3)
        ISBN 978-85-7348-612-4

        1. Direito. 2. Literatura: Aspectos jurídicos. I. Título.

                      CDU - 34:82

        Índices para o catálogo sistemático:
Direito
Literatura: Aspectos jurídicos

(Bibliotecária responsável: Marta Roberto, CRB-10/652)

Coleção
Direito & Arte – 3

MARIA LUÍSA MALATO

Manual Anti-Tiranos
Retórica, Poder e Literatura

livraria
DO ADVOGADO
editora

Porto Alegre, 2009

© Maria Luísa Malato, 2009

Capa, projeto gráfico e diagramação
Livraria do Advogado Editora

Revisão
Rosane Marques Borba

Direitos desta edição reservados por
Livraria do Advogado Editora Ltda.
Rua Riachuelo, 1338
90010-273 Porto Alegre RS
Fone/fax: 0800-51-7522
editora@livrariadoadvogado.com.br
www.doadvogado.com.br

Impresso no Brasil / Printed in Brazil

Apresentação

A Coleção Direito & Arte chega ao seu terceiro volume com a publicação da obra da Prof. Dr.ª Maira Luísa Malato, cuja abordagem procura verificar como a tirania pode se perpetrar mediante uma construção prévia e definitiva da realidade por intermédio das Leis. O escape, o ponto de saída dessa armadilha, é dado pela Literatura e pelo inconformismo que tanto o poeta quanto jurista devem ter em relação a um determinismo (não importa qual seja). Tem-se, portanto, que o texto é absolutamente compatível com os propósitos desta série jurídica: ser o veículo de divulgação das pesquisas existentes, no Brasil e no exterior, relativas à superação do isolacionismo do Direito via Arte.

A autora é, e isso se torna especial, oriunda de outra área do saber: as Letras. Daí a importância de sua observação a respeito do Direito enquanto Retórica e sua conseqüente co-ligação com a Literatura. Além disso, exercita sua verve acadêmica na Universidade do Porto, em Portugal. É motivo de honra para os organizadores o efetivo estabelecimento de uma rede internacional de pesquisadores do que se pode doravante denominar de *Law & Art*.

O texto, por seu turno, é um Manual Antitiranos. Logo, como a própria autora anuncia, não possui receita ou forma contínua de análise. É, pois, um resgate da descontinuidade e de uma comunicação possível entre Direito e Literatura. Constitui-se, como se o leitor poderá perceber, em obra inovadora e instigante, capaz de colocar o jurista contra e ao mesmo tempo a favor de si. Sair da zona de conforto é a grande contribuição do livro ao jurista.

Contra o Tirano que temos dentro de nós mesmos, potencializado pelo Direito e por seus locais de fala, perpetuadores da realidade (re)construída nos inúmeros mundos habitados pela ciência jurídica. Não poderia haver desafio maior aos leitores que se aventurarem nesses *mares nunca dantes navegados*, que a Dr.ª Maria Luísa Malato nos convida a desbravar.

Porto Alegre – RS, Janeiro de 2009.

Leonel Severo Rocha

Germano Schwartz

Sumário

Introdução 9

TÁCTICA I
O Conhecimento de Si: Querer, Saber, e Poder 17
Alice no País de Greimas 17
A manipulação: um pecado original 18
Problema 1. Como distinguir Verosimilhança e Verdade? 19
Problema 2. Como distinguir Fantasia e Mentira? 22
Problema 3. É a comunicação possível? 24
Problema 4. O que pode fazer um sujeito sem força? 25
Problema 5. Porquê desobedecer se é mais fácil obedecer? 28
Estratégia 1. Buscar uma identidade 30
Estratégia 2. Perder o Medo 33
Estratégia 3. Aprender a dizer Não 34
Estratégia 4. Buscar um Sentido no Absurdo 38
Problema 6. Pode a Disforia ser eufórica? 40

TÁCTICA II
O *Lobby*: a Construção de uma Academia 45
O mito do Legislador e o Legislador de mitos 45
Estratégia 5. Conceber um Grupo de Pressão 45
Problema 7. Como legislar a inveja académica? 47
Estratégia 6. Legislar, legislar, legislar 51
Estratégia 7. Associar a Autoridade à Liberdade 52
Estratégia 8. Associar a Autoridade ao Saber 53
Estratégia 9. Construir, ainda que na água 56
Estratégia 10. Apelar a um juízo "estrangeiro" 61
Problema 8. Como conciliar o Universal com o Particular? 64

TÁCTICA III
A Utopia. Porque as coisas são como são: mutáveis 67
O espírito utópico nas academias portuguesas 67
Estratégia 11. Proteger o Jardim da Praça Pública 67

Estratégia 12. Não esquecer que o Real é Inventável 71
Estratégia 13. Não esquecer que o Profano é Sacralizável 74
Estratégia 14. Não esquecer que o Futuro é também uma Saudade 78
Problema 9. O insustentável peso de não-ser [...] 81

TÁCTICA IV
O Êxodo: "um mundo largo e comprido" 83
Cabeça na Lua e Pés na Terra 83
Problema 10. A insustentável leveza do ser 83
Estratégia 15. Passar da morte certa para a morte possível 84
Estratégia 16. Relativizar. Ou seja: ver a Terra na Lua [...] 88
[...] e a Lua na Terra 89
Problema 11. Navegar tem certamente os seus riscos [...] 91
Estratégia 17 [...] mas "navegar é preciso" 97

TÁCTICA V
A Resistência: livres e livros 103
Sobre a Liberdade da Marquesinha de Alorna no Convento de Chelas . 103
Estratégia 18. Contar uma história sem autor 103
Problema 12. É o recato virtude ou prisão voluntária? 107
Estratégias 19 e 20. Ler e Escrever, ainda quando impossível 110

TÁCTICA VI
O silêncio, talvez 115
Sobre alguns ruídos do Silêncio 115
Estratégia 21. Acentuar tonicamente o silêncio 115
Estratégia 22. Olhar o que se diz para não se olhar o que se faz 119
Problema 13. Quando o silêncio é por demais silencioso [...] 119

TÁCTICA VII
Sem dúvida, o riso 127
Ter Espírito: um reduto de Espiritualidade 127
Estratégia 23. Ser radical: redescobrir as raízes 128
Estratégia 24. A Estilística do Gentil-homem................... 131
Estratégia 25. Mudar para permanecer....................... 134
Estratégia 26. O contagioso riso dos deuses 141

Introdução

Em 1658, num gabinete da Abadia de Port-Royal, um jovem estudante chamado Jean Racine entregava a um professor-vigilante um velho romance grego, *Os Amores de Theogonis e Charicles*. Tinham-lhe já confiscado dois exemplares, e por duas vezes o tinham repreendido por perder tempo com tais leituras. Decorou um terceiro, e entregou-o dizendo: – Pode queimar também. Já não preciso.

Em 1981, a Junta Chilena proibiu a leitura de *D. Quixote*, por ser um incentivo à irrazoabilidade dos confrontos entre o indivíduo e a autoridade.

Um velho advogado, no leito de morte, pede a Bíblia. Gasta as suas últimas forças a virar atentamente os livros, os versículos. Perguntam-lhe o que procura:

– Uma lacuna na lei.

Numa cela da Inquisição, em Lisboa, António Serrão de Castro, membro da Academia dos Singulares, encontra-se preso sob a acusação de práticas judaicas. Os filhos são condenados à morte, e ele condenado a vê-los morrer. Na prisão, escreve uma longa epopeia sobre um cesto de víveres que vai sendo consumido pelos ratos: *Os Ratos da Inquisição*.

Em Potsdam, no século XVIII, Frederico II, monarca iluminado, projectava construir o palácio de Sans-Souci, mas o projecto exigia a destruição de um moinho. Resistia o moleiro à expropriação, esgrimindo argumentos ao ver os seus cuidados acrescidos com o *sans-souci* do rei. Acabou Frederico por o ameaçar com a prisão sumária. Ao que o moleiro respondeu:

– Sim, se já não houver juízes em Berlim.

Umas dezenas de anos depois, numa cela do Convento de Chelas, em Lisboa, o arcebispo ameaça a jovem Leonor de Almeida de que fará queixa ao Marquês de Pombal, se ela lhe não obedecer. Ao Marquês de Pombal, o mesmo que tinha colocado o pai de Leonor na prisão e a tinha fechado a ela naquele convento. Responde Leonor com palavras de Corneille: «Le coeur d'Elonore est trop noble et trop franc/ Pour craindre ou respecter le bourreau de son sang.» : o coração de Eleonor é demasiado nobre e franco, para que tema ou respeite o carrasco de seu sangue.

Estas histórias muito diferentes falam de uma atitude semelhante. Os poetas e os juristas têm mais em comum do que à primeira vista parece: respondem sempre à letra. Ou devem responder, se para tal tiverem oportunidade.

Diante da palavra abusiva, ainda que a da lei, pensam sempre na possibilidade de responder com a palavra, ainda que subversiva. Oscilam ambos sempre entre o pacto e a transgressão do pacto. Andam ambos naquele fio da navalha que os faz cair quer na reverência social, quer na sua contestação, sem que por vezes se consiga distinguir uma da outra. Qualquer lei, da Gramática à Pragmática, se encontra sujeita à interpretação. Mas tanto o poeta como o jurista sabem que tal interpretação, levada aos seus limites, conduz quer à sua negação, quer à sua verdade mais profunda. Para ambos, o sentido do texto pode ancorar-se sob a alçada de uma lei arbitrária, sob uma autoridade duvidosa ou um poder corrupto. Ou furtar-se a essa alçada para de fora a contestar. Nem o poeta nem o jurista se acomodam à univocidade da norma e, por isso, ambos incomodam. Os melhores de entre eles nunca desistem da humanidade, nunca largam a arma da palavra: persistem lutando, enquanto podem, por vezes ao arrepio de qualquer razoabilidade ou sensatez, no mesmo terreno do opositor. Pelo menos, no terreno da palavra e enquanto a palavra lhes for permitida.

A tirania coloca ao poeta e ao jurista problemas semelhantes. Porque a tirania não gosta da palavra. Gosta de afirmar que as coisas são como são, ou que decide quem tem "a faca e o queijo na mão": este argumento da força das coisas ou da força do poder que alguns homens têm sobre todos os homens (todas as coisas) é o argumento da moca (*argumentum baculinum*), aquele que na Retórica é o mais claramente anti-retórico. Discutir, nestas circunstâncias, só pode ter o valor de uma jovial ida ao teatro. Ao poeta como ao jurista desagrada em geral esta conformação prévia e aparentemente definitiva da realidade.

> "A retórica jurídica é a arte de transformar em fontes, mediante a comunicação, posições que por si só são débeis num determinado jogo jurídico".[1]

A Literatura vive da tensão existente entre aquilo que se espera e tudo o mais que se encontra. Entre a obra canónica e a de vanguarda; entre a tradição e a originalidade; a isotopia e a alotopia; o lugar-comum e o estranhamento; o respeito pela gramática e a desautomatização da linguagem. Ler é aceitar esse jogo. De resto [...]

> "A regra fundamental para abordar uma obra de ficção é o leitor aceitar tacitamente um pacto ficcional, a que Coleridge chamava "a suspensão da incredulidade".[2]

Para os escritores como para os juristas, é importante esta disponibilidade para aceitar o ponto de vista do outro, a história do outro, ao mesmo tempo que dela se desconfia. A suspensão, elevação, do julgamento.

Por vezes, a fragilidade e a força da palavra é tão evidente que muitas vezes ambos têm destinos comuns. Mais do que à quantidade de juristas escritores ou de escritores juristas, referimo-nos aqui à legibilidade de sociedades livres ou opressoras para os poetas e advogados. É quase certo que os juristas devem começar a tomar alguns cuidados quando os escritores são encarcerados. Em plena Primavera, a 10 de Maio de 1933, numa praça de Berlim (aquela cidade onde moravam os juízes em quem confiava o frágil moleiro de Potsdam para fazer face ao Imperador), Goebbels, Ministro da Propaganda, dirigia um discurso inflamado para cem mil pessoas, animadas pelo entusiasmo de queimar 20 000 volumes de autores degenerados. Grande parte deles pertenciam à Universidade de Humboldt, nome de um

---

[1] Francisco PUY MUÑOZ – Tópica Jurídica y Retórica Jurídica. Un ensayo de distinción" in *Ars Juris. Revista del Instituto Jurídico de la Universidad Panamericana de Mexico*, 31, 2004, p. 275, tradução nossa.

[2] Umberto ECO – *Seis Passeios nos Bosques da Ficção*, trad. Wanda Ramos, Lx., Difel, 1995, p. 81.

compreensivo cientista e viajante. Os que se recordaram da epígrafe de uma obra de Heinrich Heine, escrita em 1820, deviam ter ficado assustados com o sinal: *dort wo man Bücher verbrennt, verbrennt man am Ende auch Menschen* (onde se queimam livros, queimam-se no final também pessoas).

Une estas diferentes áreas (a Retórica, a Literatura e o Direito) um gosto comum pelo *nomos*/ ordem estética ou jurídica (o *nomos*, em grego, é "lei", mas também "forma musical", "canto" e encanto). Une-as o gosto pela "ficção", pela "analogia", pela interpretação do "espírito" ou da "letra", pela decifração dos sentidos, "expostos", "dissimulados" ou "simulados".[3] Neste pequeno livro, as obras e os factos literários são pretextos para reflectir sobre a relação que a forma estabelece com o conteúdo. Mas também sobre a que a palavra estabelece com a força física. Não é possível ensinar Retórica, Direito ou Literatura sem reflectir sobre este universo comum da palavra. Como resistência ou como forma de docilidade. Oral ou escrita. Neste aspecto, os poetas são fisicamente mais frágeis e até por isso nos ensinam mais sobre algumas técnicas de sobrevivência. Cinicamente se poderia dizer até, com Jorge Luís Borges, que a censura é uma grande amiga das metáforas.

Num dos mais velhos textos da cultura ocidental sobre a tirania, Hierão, de Xenofonte, o filósofo Simónides faz notar a Hierão que o próprio poder tem uma força afrodisíaca sobre os seres humanos. E que da mesma forma que os homens comuns se sentem honrados com os favores ou as saudações de um tirano (mais ainda do que aqueles que lhes pode votar um homem justo), também algumas mulheres lhe parecem conceder uma beleza que emana do seu poder: "nele a patente é um grande adorno, já que parece apagar os pormenores que desagradam e enfatizar os que se podem apreciar".[4] No Direito ou na Arte, basicamente a nossa humanidade decide-se sempre entre os mesmos desafios, ainda que não necessariamente a dialogar com a Rainha de um baralho de cartas, um pastor da Academia, um habitante da Lua

---

[3] Maria Luísa MALATO – *Estética e Direito e não Direito e Estética. Perspectiva e Prospectiva de um Colóquio,* em colaboração, Sep. "Sciencia Iuridica", nº 244-246, 2º sem. 1993, Braga, 1994.

[4] Xenofonte, *Hiérão*, in Leo STRAUSS – *De la Tyrannie*, traduit de l'anglais par Hélène Kern, précédé de *Hiéron* de Xénophon..., Paris, Gallimard, 1983, p. 30.

ou o Marquês de Pombal. O que vai variado na Literatura, como no Direito, é a resolução desses desafios, adequando-se as mesmas estratégias a sempre novos desafios. Sendo o Conhecimento de si um limite prévio e último, nele se vai construindo a evocação da lei, do legislador estrangeiro, da utopia, da resistência, ou a opção do êxodo, do silêncio ou ainda a do riso.

Partimos aqui da reflexão sobre estratégias da Retórica literária, em textos dos séculos XVII, XVIII, XIX, XX... Os textos reunidos foram sendo escritos e reescritos ao longo de quinze anos de convivência com o ensino da Retórica e da Literatura, marcados também por uma impressiva aproximação ao universo jurídico, no que ele tem de retórico e de literário. Alguns textos encontram-se, na sua raiz, dispersos por publicações universitárias.[5] Outros decorreram de conferências.[6] Os restantes foram escritos para dialogar com os existentes. Mas todos serão sempre, em certa medida, uma obra de engenharia incompleta, uma ponte que é construída a partir das margens da Literatura que se deseja cruzar com a que se eleva a partir das margens do Direito.

Exigem, por isso, um leitor construtivo. Um leitor que aprecie na Literatura, desde logo, o que ela tem de simbólico e extremamente real. Alguns povos africanos, com alguma razão, classificam como verdadeiras as histórias míticas e as histórias verídicas como anedóticas, pontuais, "histoires pour rire" [...].

---

[5] *"Ter Espírito" ou A Espiritualidade do último cortesão,* in "Revista da Faculdade de Letras da Universidade do Porto. Série Línguas e Literaturas. Espiritualidade e Corte em Portugal (séculos XVI a XVIII)", Anexo V, Porto, 1993, pp. 217-232; *O Mito do Legislador numa Academia Luso-espanhola,* in "Península. Revista de Estudos Ibéricos", Porto, Instituto de Estudos Ibéricos/ Faculdade de Letras da Universidade do Porto, 2003, nº 0, volume temático "Entre Portugal e Espanha. Relações culturais (séculos XV-XVIII)", *In honorem* José Adriano de Freitas Carvalho, pp. 401-412; *"Nem Muros nem Cidade". O Espírito Utópico nas Academias Portuguesas* in "Estudos em Homenagem a Luís António de Oliveira Ramos", 3 volumes, Porto, Faculdade de Letras da Universidade do Porto, 2004, vol. I, pp. 277-287; *José Daniel Rodrigues da Costa – O Balão aos Habitantes da Lua. Uma Utopia Portuguesa,* Ilustrações de Delia Silva, Porto, Faculdade de Letras da Universidade do Porto, 2006.

[6] *Alice no País de Greimas: Querer, Saber e Poder,* in "A Retórica e a Comunicação Pública e Política", Encontro do GT Retórica da SOPCOM, Associação Portuguesa de Ciências da Comunicação, Universidade de Trás-os-Montes e Alto Douro, 18-19 de Fevereiro; *Apolo atrás da Grade: a Marquesinha de Alorna e a aprendizagem da liberdade no Convento de Chelas.* IX Encontro da Associação Portuguesa de Investigação Histórica sobre as Mulheres (APIHM): "Mulheres entre Claustros", Cabeceiras de Basto, 5 de Abril).

Depois, o que interessará é utilizar este manual, resolvendo os casos por analogia.

Num manual contra tiranos, não há receitas. Se as boas receitas dependessem muito dos ingredientes, de nada serviriam quando variassem o tempo ou o espaço. Caçaremos com gato se não tivermos cão. Aliás, os tiranos são muitos e muitas as suas artes. Francisco Puy agrupa em 10 protótipos as entidades que podem ser construídas e manipuladas como Legisladores mais ou menos absolutos: os deuses, os heróis, os santos, os sábios, os técnicos, as multidões, os amigos, os pais ou mestres, os cônjuges, ou uma indefinida mistura de modelos [...].[7] Rara é a ditadura que não se publicita como democrática, servindo maiorias silenciosas ou silenciadas. E em muitos momentos das democracias existe uma feroz tentação de intolerância face a minorias, mais ou menos identificadas com o inimigo público.

A tirania confunde-se muitas vezes com o amor. Ao tirano como ao amante oferecemos frequentemente a jugular, ao inclinarmos o pescoço para um beijo. Depois o tirano não é um animal distinto dos demais: aprende, simula, mascara-se, da mesma forma que os seus opositores também o fazem. Todas as estratégias contra a tirania podem ser usadas a seu favor. E todos os problemas colocados pela tirania são fugas para a liberdade. A luta contra a tirania exige sobretudo muita imaginação e ainda maior persistência. Como em todas as lutas verdadeiras, a história não se encontra escrita, e a vitória não é certa. Há também o tempo: muitas vitórias são póstumas (*hélas!*) e, na vida como nas tragédias gregas, vêm os filhos a pagar frequentemente os erros dos pais. Por um acaso simbólico, enunciaremos 13 problemas e 26 estratégias: as estratégias devem sempre ser em número muito maior que os problemas. É preciso sempre ter um Plano B. Porque estes são alguns dos problemas formulados pela História, velha forma de conformar o tempo; e estas são apenas algumas estratégias que nos foram deixadas pela Literatura, velhíssima forma de resistência.

Assim, todas as receitas contra a tirania devem ser tomadas *cum grano salis*. Todo o excesso é doloso. A palavra é de

---

[7] Cf. Francisco PUY MUÑOZ – *Derechos Humanos*, 3 tomos, Santiago de Compostela, Paredes, 1983.

prata; o silêncio é de ouro: mas a palavra oportuna é diamante. O riso é uma arma de dois gumes: de um lado está uma criança, do outro Demócrito, e existe muita diferença entre a gargalhada vital, de quem aprecia a surpresa do mundo, e o torcer de boca amargo, "que é mil vezes pior do que chorar", segundo garantia Júlio Dinis. E as armas antitiranos são como todas as armas em todas as guerras: as estratégias usadas contra os Tiranos podem vir a ser usadas pelos Tiranos. Cuidado também com o sentimento utópico. As maiores tiranias nascem daquela certeza de felicidade que torna inúteis os poetas na República ideal. Se tal começarmos a pensar é porque nos tornámos nós os tiranos, e o inimigo nos conquistou, finalmente, porque nos tornámos iguais a ele e o substituímos.

Em tudo, como nos recorda um anúncio de conhecido carro híbrido quase sem emissão de CO_2: não será o nosso maior problema pensar que o resolvemos?

Táctica I – O Conhecimento de Si: Querer, Saber e Poder

Alice no País de Greimas

Se a Semiótica de Greimas nunca parece ter usado como paradigma a Retórica, é indiscutível que as une uma semelhante obsessão pelo fenómeno da manipulação.[8] Parece-nos, aliás, evidente a aproximação entre os elementos tópicos delineados por Quintiliano (*Quis*/ Quem? *Quid*/ O quê? *Ubi*/ Onde? *Cur*/ Porquê? *Quomodo*/ De que modo? *Quando*/ Quando?) – ainda hoje compreendidos nos parâmetros da investigação criminal – e o sistema actancial de Greimas. E embora seja artificial uma correspondência comunicacional generalizada, não deixa de ser significativo que ambos os sistemas partam duma função apelativa, a da persuasão ou a do Desejo do Poder sobre algo ou alguém. Numa situação retórica, X (*Quis*) quer Y (*Quid*), persuadindo disso o seu interlocutor. Ou, na terminologia de Greimas: num Enunciado funcional (F) do Programa Narrativo (PN), o primeiro eixo potencial será o do Sujeito (S) que deseja e procura obter o Objecto (O). Ou seja, reproduzindo o gosto de Greimas pelas fórmulas matemáticas:

PN: F (S) ⇨ [(S V O) → (S ∧ O)]

Neste micro-universo, seriam igualmente reproduzíveis as relações entre a função apelativa da Retórica e a fase de Manipulação do esquema actancial:

---

[8] Sobre as relações entre a Semântica de Greimas e a Retórica, v. o nosso estudo *Greimas, a Retórica e a Manipulação da Linguagem*, no prelo, elaborado a partir de uma conferência no GT de Retórica, sob a égide da SOPCOM-Portugal..

a) Motivando ou identificando o Porquê (*Cur*) do desejo está o eixo do Destinador (força persuasiva) e o Destinatário (força beneficiada).

b) O Modo (*Quomodo*) responde ao eixo das Competências (o que o sujeito sabe ou vai aprendendo ao longo da acção).

c) O Onde (*Ubi*) e o Quando (*Quando*) estabelecem os parâmetros da acção transformadora do Sujeito, surgindo os Adjuvantes e os Oponentes como "atributos modais" do Sujeito, em determinado cruzamento de Espaço e Tempo: são "tímicos", no sentido de geradores de uma energia transformadora do Sujeito.[9]

A manipulação: um pecado original

No fundo, o Génesis é a origem de todas as histórias da Humanidade, e de todos os intentos de persuasão, facto recordado por Greimas com uma canção de *Les Parapluies de Cherbourg*:

"Un homme, une femme
Une pomme, un drame".[10]

A obra de Lewis Carroll (1832-1898), *Alice's Adventures in Wonderland*, editada em 1865, parece-nos exemplar a estes vários níveis. Desde logo, porque manifesta uma inocência pouco verosímil. *Alice* não é uma história para crianças. Nas últimas décadas, têm até proliferado os críticos que a consideram "uma história malcontada" ou "uma narrativa perversa". Um conhecedor de dilemas e questões físico-matemáticas relê-as aqui e ali ao longo do texto, e a edição comentada, com introdução e profusas notas ensaísticas do matemático Martin Gardner, é classificada como "edição

---

[9] Sobre o conceito de "Thymus", em Greimas, cf. Algirdas Julien GREIMAS – *Du Sens II. Essais Sémiotiques*, Paris, Ed. du Seuil, 1983, *v.g.*, p. 91.

[10] Algirdas Julien GREIMAS – *Sémantique Structurale*, p. 177. De realçar a fixação de Greimas pelo número 6, comum ao hexâmetro de Quintiliano. A razão por ele avançada, porém, teria a ver com uma característica da mente humana, que só poderia inter-relacionar, memorizar e "vivenciar" um limitado número de elementos, seis, segundo Brøndal (*Ibidem*, p. 127 e p. 131). Seis ou Sete? Segundo George Armitage Miller (1956), citado por Beaugrande e Dressler (http://www.beaugrande.com/introduction_to_text_linguistics.htm), só se trabalhariam até sete itens ao mesmo tempo, naquele que é aqui chamado o nosso "workspace". Para este texto nos chamou a atenção o artigo de Françoise BACQUELAINE – *Em busca de coesão e coerência: "Vivaldi reencontrado"*, in "Actas do Colóquio 'O Fascínio da Linguagem', em homenagem a Fernanda Irene Fonseca", no prelo.

para adultos".[11] Shane Leslie, em *Lewis Carroll and the Oxford Movement*, lê na obra uma "história secreta" das questões políticas e religiosas da Inglaterra vitoriana,[12] sibilinamente corrosiva para a monarquia inglesa. C.W. Giles, no *Punch*, de 15 de Agosto de 1928, vê na obra a uma sátira à Guerra das Duas Rosas. Outros, um retrato cruel sobre a sociedade vitoriana, obcecada pela comida e pela bebida, pela lei e pelo decoro. A tal pode não ser estranha a temática da morte, estudada na obra por William Empson. Os cogumelos, com efeitos secundários opostos conforme trincados por cima ou por baixo, indicações sobre fungos alucinogénios, mais ou menos indício da acção do ópio no autor, o que, aliás, justificaria com alguma comodidade o permanente *non-sense* da história. Depois do artigo de Anthony Goldschmidt, "Alice in Wonderland Psycho-Analysed", publicado em 1933 no *New Oxford Outlook*, vai-se ainda consolidando a visão de um autor da época vitoriana que oscila entre a pedofilia reprimida e o inconveniente afecto pelas crianças (ainda que horror pelos meninos).[13]

Aceitemos como natural a polifonia das interpretações, ainda que suspeitemos que algumas decorrem mais da visão dos críticos do que da época ou das palavras do autor. É inelutável. Por outro lado, esta falsa ingenuidade também se pode revelar significativa, retoricamente significativa. Desde sempre, na Literatura como no Direito, uma das mais eficazes Retóricas é a que se disfarça de anti-Retórica.[14]

Problema 1.
Como distinguir Verosimilhança e Verdade?

Os juristas e os poetas sabem-no bem. A Retórica só é aplicada ao demonstrável, não se podendo aplicar aos discursos de

---

[11] Cf. Lewis CARROLL – *The annotated Alice: Alice's adventures in wonderland and through the looking-glass*, introd., notes Martin Gardner, illustrated by John Tenniel, London, Penguin, [1970], de que existe uma edição revista e aumentada em 1999.

[12] O doce de laranja, "orange marmalade", seria uma referência a Guilherme de Orange, símbolo do protestantismo anglicano. Cf. [S.a.] *Alice. Edição para adultos rediscute pedofilia*, in diganaoaerotizacaoinfantil.wordpress.com (consultado a 16/2/08).

[13] Cf. em geral, a compilação de www.alice-in-wonderland.net/alice6.html

[14] Cf. *Em Demanda da Anti-Retórica. Uma História com Direito,* em colaboração, in "Teoria del Diritto e Dello Stato. Rivista europea di Cultura e Scienza Giuridica", nº 3: Retórica e Diritto, Torino, G. Giappichelli Editore, 2004, pp. 349-372.

pura credulidade, de pura autoridade, ou de pura constatação. Daí a necessidade de ambos se interrogarem sobre o discurso da Verdade (o que se tem como existência constatável) e o Discurso da Verosimilhança (o que tem uma aparência verdadeira, sem necessariamente ter existência comprovada). Ainda assim, neste contexto, a Retórica poderia ser utilizada em quase todas as situações de linguagem, já que são raras as situações de pura credulidade, de pura autoridade, ou de pura constatação. Greimas, a esse mesmo propósito, conceberia a prévia existência de um Contrato de Veracidade/ Veridicção ("un Contrat de Véridiction"), tácito mas pressuposto em qualquer acto de linguagem.[15] Ele seria o pacto inicial entre o emissor e o receptor, o autor e o leitor, onde estaria bem estabelecida a distinção entre o discurso verosímil e o discurso verídico.

Tal contrato anima e vicia (simultaneamente) toda a comunicação do(s) sentido(s). Mas é, na prática, um contrato inválido, porque se baseia numa projecção da realidade, numa convenção, e nunca na realidade:

– O verosímil pode não ser o verdadeiro, mas somente aquilo que achamos normal ser verdadeiro (e que, somente por isso, damos como manifestação da Verdade);

– O verosímil resulta de um relativismo cultural de que o próprio falante/ produtor de discurso não pode ter consciência. Contestar o que é apresentado como Verdade sendo unicamente Verosímil, exige distanciamento do Sujeito face a um grupo, muitas vezes não sem um certo ressentimento mútuo (ou o Sujeito é tomado por Traidor ou o Grupo é tomado por Opressor).[16]

– A declaração do verosímil é exclusivamente detida pelo mundo dos adultos, e não por todos. As crianças não só não têm capacidade para o declarar (a psicologia infantil comprovaria a sua incapacidade para distinguir, até certa idade, a realidade do jogo), como têm de ser sujeitas a um processo de aprendizagem do verosímil.

---

[15] Algirdas Julien GREIMAS – *Du Sens II. Essais Sémiotiques*, Paris, Ed. du Seuil, 1983, pp. 103 e ss.
[16] Michel MEYER – *Questões de Retórica : linguagem, razão e sedução*, Lisboa: Edições 70, 1998, p. 150.

Greimas afirma que toda a concepção de Verosimilhança resultaria, assim, de uma relação de poder sobre a linguagem, em que se encontrariam pré-estabelecidos os discursos discutíveis e os não discutíveis. E todas as sociedades lidariam com esse contrato, considerando o seu vício interno. Em consequência desse contrato:

– excluiriam, em geral, os discursos normativos e os abstractos/científicos da discussão de verosimilhança;

– permitiriam ao discurso figurativo (narrativo, em geral, ou literário, em particular) a exploração das suas arbitrariedades;

– baseariam grande parte dos seus discursos em ideias feitas e em redundâncias.

O leitor de *Alice's Adventures in Wonderland*, quando abre o livro, não depara logo com o início da história de Alice. O primeiro texto é uma Dedicatória do reverendo Charles Lutwidge Dogson, nome civil do pseudónimo Lewis Carroll, a Alice Liddell, sua pequena pupila. Relacionando-se este paratexto com o corpo textual, surge-nos então um primeiro narrador (externo, a um nível extradiegético), que introduzirá o narrador da história fantasiosa de Alice (interno, ao nível intradiegético). No entanto, descobrimos depois que esse primeiro narrador é, quanto à narração da história, um narrador segundo: "Carroll" apresenta a "Alice" uma história já escrita, que tinha sido pedida por Alice e pelas suas duas irmãs.

Seguindo o esquema de Greimas, a busca de um Objecto por um Sujeito é uma Demanda. Deveremos então considerar, neste caso, duas demandas, uma encaixada na outra. No livro de Carroll, existe claramente um segundo sujeito (S2) que introduz a demanda do primeiro $S1 \wedge O1$. Teremos então um PN 2 (com sistema actancial autónomo) que circunscreve um PN1, anunciando uma hierarquia narrativa que deve condicionar a leitura dos elementos internos e externos:

PN 2: $F(S2 \wedge O2) \Rightarrow$ PN1: $S1 \wedge O1$

Greimas sublinha a importância de tais paratextos. A Dedicatória assemelhar-se-ia ao Prefácio (quase sempre, cronologicamente, um posfácio, "post-facie").[17] Sendo um meta-texto do autor do texto, "reflexão metadiscursiva sobre o texto já produzido", podemos nele discutir a manipulação de tal sujeito, devemos mesmo discuti-la. Até porque tal dedicatória (como qualquer introdução) nos condiciona a leitura, "nous sommes par conséquent en droit d'espérer retrouver, lors de l'examen du discours-préface, certaines régularités".[18]

A dedicatória manipula os sentidos da acção. Não só daquela em que se inscreve, como também daquelas que descreve.

Problema 2.
Como distinguir Fantasia e Mentira?

Greimas coloca como fundamentais para a Semiótica as questões que desde sempre moveram a Retórica (quer para os seus defensores, quer para os seus delatores):

Do ponto de vista do produtor: como mentimos? Como dissimulamos os nossos segredos?

Do ponto de vista do receptor: em que condições aceitamos como verdadeiros os discursos que nos dizem verdadeiros?

Como decifrar a mentira ou a impostura?

Ou (questão ainda mais complexa e própria do discurso modelizante secundário, na accepção de Lotman) como é que aceitamos as mentiras, lendo nelas "verdades profundas" por nelas pressentirmos "les choses qui se cachent derrière les choses"?[19]

No suposto País das Maravilhas, todos lhe dizem "Vem por aqui!": "Everybody says 'come on!' here, thought Alice, as she went slowly after it".[20]

É a linguagem do Poder, em variedade e exaustão. Como constata Alice, todos mandam, todos querem mandar e todos ma-

---

[17] Na edição que seguimos, existe igualmente, depois desta dedicatória, um poema impessoal, "From a Fairy to a Child", com data de 1867, desejando-lhe um feliz Natal, sabendo embora que "All the year is Christmas-tide". Também essa impessoalidade transitória poderia ser legível, até porque confirma alguns eixos da Dedicatória: "Yet the hearts must child-like be", "[…] forgetting tricks and play/ for a moment, lady dear".
[18] Algirdas Julien GREIMAS – *Du Sens II*, "Le statut sémiotique de la préface", p. 174.
[19] Algirdas Julien GREIMAS – *Du Sens II. Essais Sémiotiques*, p. 105.
[20] Lewis CAROLL – *Alice's Adventures in Wonderland*, chap. 9, p. 88.

nipulam os seus passos. Mas será essa variedade e exaustão que vai gerando em Alice o cansaço e a revolta perante a sua arbitrariedade?

Num Mundo às Avessas, questionar o sentido das palavras torna-se um hábito, e como hábito toma conta do Sujeito. E lentamente, ao virar a linguagem, vai aprendendo sobre a sua precisão e imprecisão, em suma, sobre a sua fronteira, terra-de-todos ou terra-de-ninguém. Começa a esboçar-se, na sua linguagem, uma Finalidade, uma imperfeita aproximação ao Objecto nodal que é a Demanda da sua Identidade:

"– Eu digo o que quero dizer, pelo menos, pelo menos, quero dizer aquilo que digo..."

A linguagem que, no início, Alice utiliza é uma linguagem instituída e instrutiva. Alice tentará, durante algum tempo, usar "palavras bonitas" (palavras como "Latitude" e "Longitude") ou "as palavras certas" (como as dos poemas que decora): espera com elas ser recompensada. Até se convencer que está sozinha na sua Demanda sem Objecto, num Mundo às Avessas, onde a linguagem tem de ser virada do avesso. Naquele mundo novo, descobre-se órfã de amigos e despida da sua cultura postiça.

"Os gatos comerão morcegos?" é, no País das Maravilhas, uma pergunta tão natural quanto "Os morcegos comerão gatos?". Porque, na verdade, há realidades em que o absurdo faz sentido. Ou em que o absurdo é a incompreensão do sentido, desde logo porque sobre ele não se reflectiu. A tabuada que Alice não consegue dizer correctamente (4x5=12, 4x6=13...) é, na verdade, uma sequência matemática em que ele ainda tem de fazer sete cálculos para chegar a 20). A Duquesa, por exemplo, encontra sempre adágios e máximas opostas e compatíveis: o facto de *ser o amor que faz andar o mundo* é, num certo sentido, perfeitamente concordante com *a conveniência de cada um só se meter no que lhe diz respeito*. Por seu lado, *a conveniência de cada um se meter no que lhe diz respeito* aplicar-se-ia a todas as situações de amor à justiça: sendo uma coisa de cada um, *a todos diz respeito*. Na verdade, as máximas são a máscara de um discurso abstracto que dissimulou o particular e o verosímil sob a capa do universal e da verdade.

Alice tem ainda de confrontar-se com os seus interlocutores, muito mais hábeis a acumular e a amplificar os anti-argumentos:

– "Eu estou a ver aquilo que como" é diferente de "Eu como aquilo que estou a ver": em causa está a sobrevivência. Mas confundi-las é ser alimentado somente pelo Desejo.

– "Eu gosto daquilo que tenho" é diferente de "Eu tenho aquilo que gosto": espreita a insatisfação. Mas confundi-las é estar atento aos limites do Desejo.

– "Eu respiro enquanto durmo" é muito diferente de "Eu durmo enquanto respiro": em causa está a percepção da vigília e do sonho. Mas confundi-las é conhecer o sonho que existe na vigília e a vigília que persiste no sonho.

Problema 3.
É a comunicação possível?

Partindo inicialmente da Lexicologia e das unidades verbais, Greimas interessar-se-ia cada vez mais pelas formas não verbais da linguagem, a dramatização do discurso, consideradas na Retórica pela Acção (*Actio* ou *Hipocrisis*). A palavra "função", usada para os sistemas actanciais, remete desde logo para esse universo dramático, já estudado por Souriau.[21] Todos os casos, todas as histórias, partem da existência de um ou mais Sujeitos operativos que buscam um Objecto.

A Alice que vamos encontrar em *Alice's Adventures* (S1), no início da história de fantasia, parece reproduzir a situação de enfado do Sujeito (extradiegético) que já conhecíamos da Dedicatória: ambos se apresentam sem força física, adormecidos pelo calor do Verão, resistentes a qualquer solicitação externa que lhes exija esforço. Se o Sujeito da Dedicatória se apresenta cansado e meio adormecido, o Sujeito da História alega a sua natural resistência ao estudo e dá sinais de uma manifesta indolência.

Alice não gosta de livros sem imagens e sem diálogos. O livro, sem imagens e sem diálogos (isto é, sem o espectáculo glo-

---

[21] Etienne SOURIAU – *Les deux cent mille situations dramatiques*, Paris, Flammarion, [1950].

bal da pintura ou da situação dramática), é o símbolo da Retórica normativa, descritiva, que não permite discussão sobre a sua verosimilhança. Que se alonga em circunlóquios demonstrativos. O Papagaio que Alice encontra no início da História é o símbolo dessa cultura não discutida, descritiva, monologada, papagueada, a que deriva do uso exclusivo da Memória e, por isso, depende da mais valia da Idade, detido pelo Adulto:

"– I am older than you, and must know better".[22]

Pelo contrário, o livro de imagens e as fábulas exigem uma retórica compreensiva, que torna o Receptor um agente, um cúmplice, pelo menos. A dramatização mostra, não demonstra. O diálogo é um conhecimento (-logos) repartido (dia-), em que nenhuma das partes pode assegurar ter a verdade completa. Esta é a retórica natural, defendida por impulso.

– "Explain all that", said the Mock Turtle.
– "No, no! The adventures first", said the Gryphon in an impacient tone. "Explanations take such a dreadful time".[23]

Só quando há Comunicação, quando existe conhecimento repartido e reconhecimento dessa repartição. Só há Retórica quando há diálogo. O resto é quando muito Comunicação. E nem toda a Comunicação permite a Retórica.

Problema 4.
O que pode fazer um sujeito sem força?

Recusando, neste aspecto, a perspectiva freudiana, Greimas sublinha que, do ponto de vista da Linguística, não deve ser pertinente a distinção entre mensagem consciente ou inconsciente. O que interessa, e nisto se aproximaria também a Linguística da Retórica, é o que se torna possível ler num acto linguístico. Interessa saber o que é que o texto significa para o leitor, de que é que o texto o persuade. Mas não, necessariamente, o que é que o autor nos quis dizer com o texto. Esta questão da intencionalidade é, de resto, uma questão com evidente interesse para o Direito:

---

[22] Lewis CARROLL – "Alice's Adventures in Wonderland", cap. III, p. 31. Coerentemente, Alice, quando pensa na possibilidade de crescer e chegar a velha, consola-se unicamente com não ter então necessidade alguma de estudar (cap. IV).

[23] Lewis CARROLL – "Alice's Adventures in Wonderland", cap. X, p. 95.

desde logo, porque o desconhecimento da lei não justifica o não cumprimento da lei.

Em *Alice's Adventures*, o Sujeito Operativo é um Narrador que identificamos com o Autor (Carroll) que tem como Demanda contar uma História "com muita fantasia" (Objecto-Valor), satisfazendo assim o pedido de 3 Destinadores (3 crianças que, num barco, remam desajeitadamente, ao longo de uma tarde de Verão).

Reparemos bem nele. Este Sujeito Operativo é estranho. Já que não é ele que possui força física. Por exemplo, não é ele que pega nos remos. Diz-se também "sem fôlego para agitar sequer uma pequena folha"/ "of breath too weak/ To stir the tiniest feather!"). Essa fraqueza física parece igualmente exemplificada pela fraqueza social: apresenta-se como uma voz fraca contra três vozes mais fortes: "one poor voice avail/ against three tongues together").[24]

Por oposição ao Sujeito solitário, as 3 Destinadoras, apesar da sua cativante alegria e da sua pequenez ("little arms", "little hands"), são cruéis e unívocas ("cruel three", "three tongues together"). Apesar de desajeitadas, guiam o barco, detêm ambos os remos ("both our oars"). E ainda que unívocas, experimentam em coro formas retóricas diferentes: uma ordena imperiosamente, a segunda implora gentilmente, e a terceira interrompe qualquer frase do Sujeito. Três estratégias diferentes de manipulação.

Neste começo de todas as histórias sobre o Conhecimento de Si, é de toda a conveniência que o Sujeito esteja nu, despido do que não interessa, como no Paraíso, de alguma maneira. Afiança-se que a Justiça é representada cega para que não se deixe iludir pelo excesso de aparência. O mesmo sucede com os Sujeitos míticos. Também em quase todas as histórias (literárias ou não) existe um Paraíso perdido, em que o Sujeito, até então protegido pelos progenitores ou pela natureza, se dá conta da sua íntima fragilidade: de não ter roupas. Só então se encontra

---

[24] Significativamente, e sendo *Alice's Adventures in Wonderland* uma narrativa "à clé", em que é possível identificar as personagens com pessoas da vida real, a personagem que é identificada com Charles Lutwidge Dogson, é o pássaro Dodo, pássaro extinto por ser demasiado confiante no contacto com os humanos, frequentemente tido, por isso, como estúpido. Dogson, porque por vezes gaguejava, apresentar-se-ia como "Do-Do-Dogson" (Martin Gardner (ed.) – *The Annotated Alice. Lewis Carroll*, London, Penguin Books, 1965, reimp. 1987, p. 44).

disponível para a transformação, por não conseguir (não poder ou não querer) permanecer na situação inicial. Por isso é que quase todos os heróis dos contos populares são filhos terceiros, filhos órfãos, ou filhos bastardos: não herdam o poder de uma forma tranquila. Não podem, não querem, ou não devem herdar, segundo a ordem vigente, não sendo aqui importante distinguir se podem, se querem, ou se devem herdar esse poder. Interessa somente que fiquem despidos, que pouco ou nada recebam, e que a sua demanda seja feita à sua custa, e não à custa do que podiam, queriam, ou deviam receber. Expulsos do Paraíso, para sobreviver, têm de aceitar a mudança, a transformação, saber o que valem por si, definir-se.

Só então este Sujeito pode escutar o Destinador (se o primeiro Destinador não for, desde logo, quem lhe dá a ordem de partir). Greimas sublinhará sempre a importância da Manipulação do Desejo ou do Poder. A Manipulação é a primeira das fases do PN. É a persuasão que acciona o PN, a Demanda, através de variantes como a ameaça, a ordem, a provocação, a sugestão, a sedução [...]. É nesta fase da Manipulação que se situa, comummente, o contrato fiduciário inicial, o acordo explícito ou tácito sobre o valor do Objecto que o Sujeito deve visar.[25]

Ora em *Alice's Adventures*, a Dedicatória é uma pequena história: a este nível extradiegético não parece pôr-se vez alguma em causa a Competência do Sujeito para levar até ao fim a Demanda, através da sua Prova. As Destinadoras silenciam os pedidos, "to sudden silence won", e acreditam na história um "quantum satis" que lhes satisfaz simultaneamente a fantasia e a veracidade. E ao contrário do que testemunhariam os psicólogos citados por Greimas, estas crianças distinguem a realidade do jogo: "in friendly chat with bird or beast/ – and half believe it true".

Na Dedicatória, parece pois haver inclusivamente a esperança final de uma recompensa, que sancione o esforço do Sujeito.

Só nos desenganamos no final dos versos da Dedicatória. De uma forma não previsível, aquele fraco sujeito, aparentemen-

---

[25] Cf. Groupe d'Entrevernes – *Analyse Sémiotique des Textes. Introduction-Théorie-Pratique*, 5.ème ed., Lyon, Presses Universitaires de Lyon, 1985, p. 63.

te manipulado pelas três crianças, torna-se, depois de oferecida a história, um manipulador. Com efeito, o Sujeito apresenta-se, na última estrofe, como o Destinador. A humildade daquele sujeito de voz fraca enganou-nos.

Invertem-se agora os papéis. Depois de oferecida a história, as Destinadoras são agora as Destinatárias. A primeira Destinatária referida é, desde logo, Alice, nome do Sujeito Operativo do PN intradiegético. A ela o Sujeito pede que acolha esta história infantil, "a childish story take". Mas outro destinatário surge, para o qual Alice não é senão uma intermediária. Só então se enuncia a hipótese de um novo Sujeito Operativo, de uma nova Demanda, ainda não realizada: a do leitor-ideal. Deve Alice entregar a história ao "Mundo da Infância". Mas não ao que é conhecido das crianças, pois dela é preciso ter guardado a memória (*In Memory's mystic band*). Missão que uma criança só poderá cumprir, portanto, quando deixar de o ser.

Nós. O Leitor. De tal Destinatário final se não falará nunca mais. Mas é ele que beneficia de tudo o que é dito. De um Autor-Sujeito se passou para um Leitor-Sujeito. E o tempo da história bastou para transformar o Sujeito em Destinador, e o Destinador em Destinatário e novo Sujeito. O primeiro identifica-se então "como um peregrino", exigindo que um outro refaça o caminho do seu regresso levando a coroa de flores colhidas em "far-off land" (na tradução portuguesa, "Terra Prometida"). O mesmo tempo que estava já simbolizado no espaço tímico de que nos fala Greimas:[26] a água do rio que ia arrastando o barco, e que a todos transporta, até ao regresso a casa. E a intensa luz do poente, numa tarde de Verão, entre o dia e a noite, a Primavera e o Outono, a Infância e a Velhice. Porque, como dirá a Fada à Criança, no poema seguinte: todos os que a quiserem entender terão de possuir coração de criança sem o serem: "the hearts must child-like be".

Problema 5.
Porquê desobedecer se é mais fácil obedecer?

Reconsideremos a existência da Dedicatória, conformadora do texto-história que introduz. Neste contexto, o Sujeito

---
[26] Algirdas Julien GREIMAS – *Du Sens II*, p. 91.

Operativo intradiegético (Alice, o sujeito da História) distingue-se do extradiegético (o do Narrador da Dedicatória): Alice não se julga especialmente competente para nada e não parece fixar-se num Objecto, movida que está por Destinadores pontuais. Irreflectidamente, entra na toca do coelho sem se lembrar de como poderia sair, declara amiúde não ter tempo para pensar e, em desespero, pouco lhe importa o que lhe pode acontecer. Alice obedece somente movida por impulsos de necessidade ou de curiosidade (não por uma Finalidade) e, por isso, todos os seus Destinadores se confundem com Objectos (o Coelho, a Garrafa, a Porta, o Jardim...).

Paralelamente a esta irreflexão do Sujeito, existe uma Retórica do Poder que tudo abrange: inclusive os actos quotidianos e pessoais, aparentemente isentos de qualquer utilidade social, mas transformados em rituais demonstrativos de obediência política e social. Mais do que uma razão para mandar interessa mandar. Porque é sinal de poder mandar fazer. Porque é sinal de fraqueza fazer. O Patrão manda Pat que manda Bill que não tem ninguém em mandar e obedece (cap. IV). A Duquesa incomoda-se com o silêncio de Alice porque o silêncio pode significar que ela está a pensar. É preciso rapidamente falar, atrapalhar esse sentimento, falar sobre a moral da história. Intenção que só não cumpre porque chega a Rainha e a ameaça a ela, Duquesa (cap. IX).

Também Alice sucessivamente obedece a ordens imperativas que não contesta: "Bebe-me", "Come-me", "Segue-me", "Vem por aqui". Não questiona a ordem, se não vir nela perigo, ainda que não lhe veja a utilidade. Segue rótulos ou a ausência deles:

> "Ora, a garrafa podia muito bem dizer 'Bebe-me' que uma menina ajuizada como Alice não iria obedecer-lhe com tanta pressa. – Não, vou procurar primeiro se não está aqui marcado 'Veneno' – disse ela, pois lera várias histórias instrutivas sobre crianças que se tinham queimado e sido comidas por animais ferozes, e outras coisas desagradáveis, só por não se conseguirem lembrar das regras simples [...] e, sobretudo, nunca se esquecera de que, se bebermos demasiado de uma garrafa onde está marcado 'veneno', mais

cedo ou mais tarde o líquido há-de cair-nos mal no estômago".[27]

Há uma certa segurança social que assim se consolida. Alice a tudo se submete, no racional esforço de reproduzir a sua imagem de "menina bem-comportada", ajuizada e sensata. Ainda e quando todas as regras que ela conhece se encontram alteradas. No poço, não atira fora o boião de doce, com receio de matar alguém em baixo. Confunde inicialmente a sua identidade com a sua capacidade de reproduzir as lições: tenta sucessivamente debitar a Tabuada, a Geografia, a História, e até a Poesia. Quando encontra um objecto estranho, busca um "manual de instruções", que deve estar verosimilmente algures, com a solução.

O mais estranho é que tudo lhe sai trocado: "4x5=12", "Londres é a capital de Paris". E agora o poema, que aprendera de cor, não tem, com certeza, "as palavras certas".

Estratégia 1.
Buscar uma identidade

Recordemos que é num estado de sono-vigília que "vive" a personagem Alice. O poço (inferno de que é improvável regressar), o sono (alheamento da realidade circundante), as mortes eminentes a que se sujeita (diminuindo tanto "como a chama de uma vela a apagar-se"; temendo, no último momento, "desaparecer de vez") marcam este estatuto de morto-vivo que é o de Alice em busca de Identidade. Perdida entre Objectos que sucessivamente persegue, coloca-se-lhe cada vez mais insistentemente a questão da Identidade. Tal Objecto-global toma forma desde o capítulo II. Exige-lhe desde logo o exercício de pensar: "– Let me think". Pensar se somos os mesmos, apesar do nosso corpo mudar ao longo do tempo e das circunstâncias. A Alice no fundo do poço era igual à Alice que nessa manhã se tinha levantado? "Was I the same when I got up this morning?"

---

[27] Para a versão portuguesa, usamos em todo o capítulo a edição de Lewis CARROLL – *As Aventuras de Alice no País das Maravilhas*…, trad. Margarida Vale de Gato, Lisboa, Relógio d'Água, 2000, p. 15. No original: "It was all very well to say 'Drink me', but the wise little Alice was not going to do that in a hurry. 'No, I'll look first', she said, and see whether it's marked *Poison* or not. […] and she had never forgotten that, if you drink too much from a bottle marked *Poison*, it is almost certain to disagree with you, sooner or later." (Lewis CARROLL – "Alice's Adventures in Wonderland", cap. I, p. 21).

A busca da sua identidade, sendo inicialmente uma questão que ela começa por se colocar, e a que não consegue responder ("Who in the world am I? Ah, that's the great puzzle."),[28] vai progressivamente absorvendo os restantes Objectos do Sujeito. Repete-se, com efeito, ao longo do texto, mas agora como interpelação daqueles com quem dialoga: – "Quem és tu?".

> "– 'Who are you?, said the Caterpillar".

É afinal no diálogo com a Lagarta que aprende como natural a mudança das formas. Porque, para começar, nem conseguia saber o que se passava com ela [...]

> "– [...] E ter tantos tamanhos diferentes num só dia é muito confuso.
> – Não é nada.
> – Bem, se calhar ainda não se apercebeu disso – disse Alice, – mas quando se transformar numa crisálida, que é o que lhe vai acontecer, bem sabe, e depois disso numa borboleta, julgo que há-de sentir-se um bocado esquisita, não acha?
> – De modo nenhum".[29]

À pergunta nodal – Quem sou eu?/ Quem és tu? – não adianta responder da forma que nos ensinaram a responder. Não importa a pertinência: Alice não é Ada, Alice não é Mabel. Não importa a redundância, sempre pontual: "Se digo tudo trocado, sou a Mabel".

Para a definição da nossa máscara (e a personalidade é uma máscara, uma *persona*), não importa a simples passagem do Tempo. Também não somos aquilo por que nos chamam, aquele por quem nos tomam:

> "Então quem sou eu? Digam-me isso primeiro e depois, se eu gostar de ser essa pessoa, eu subo. Senão, fico cá em baixo até ser outra pessoa qualquer [...]".[30]

---

[28] Lewis CARROLL – "Alice's Adventures in Wonderland", cap. II, p. 27.

[29] No original: [...] being so many sizes in a day is very confusing. – It isn't, said the Caterpillar. – Well, perhaps you haven't found it so yet, said Alice, and when you have turn into a chrysalis – you will some day, you know – and then after that into a butterfly, I should think you'll feel it a little queer, won't you? – Not a bit, said the Caterpillar." (Lewis CARROLL – "Alice's Adventures in Wonderland", cap. V, p. 47).

[30] No original: "Who am I then? Tell me that first, and then, if I like being that person, I'll come up: if not, I'll stay down here till I'm somebody else"/ (Lewis CARROLL – "Alice's Adventures in Wonderland", cap. II, p. 27).

O País das Maravilhas é esse País que só por ironia se chama *Wonderland* (literalmente e metaforicamente "irónico", porque promove, pelo paradoxo, a interrogação): *Wonderland*, aqui, não tanto Terra das Maravilhas, da Felicidade, mas Terra do Espanto, *Wonder*.

Alice existe, mesmo ao nível intradiegético, como actante-duplo: Sujeito simultaneamente do Programa Narrativo (PN1) e do seu especular anti-Programa Narrativo (anti PN1). O Narrador explica mesmo que o facto de ela falar consigo mesma e a si mesma se castigar, deriva dela ser potencialmente dupla e da sua personalidade ser literal e metaforicamente uma máscara: "this curious child was very fond of pretending to be two people".[31]

Significativamente, nos percursos figurativos dos PNs internos, Alice:

a) estabelece sub-sistemas actanciais em 2 lugares tímicos distintos: o Alto (o parque da casa, o da superfície) e o Baixo (o mundo do Poço, das coisas ocultas);

b) questiona as ligações entre 2 níveis distintos das suas competências: sistematicamente discute ou vê discutida a diferença entre ser e parecer, saber e crer;

c) persegue múltiplos Objectos (o Coelho de colete, a Porta, o Jardim, o Bebé, a casa da Lebre de Março, a porta da Árvore, as Cartas do baralho, etc.), e inicia, consequentemente, múltiplos percursos figurativos. Tropeça regularmente, contudo, através destes Objectos, numa pergunta ou numa resposta sobre a sua Identidade (Quem és tu? – Quem sou eu?), a que vai evitando responder;

d) oscila, devido às situações anteriores, entre dois estados modais: conseguir ou não conseguir definir o seu Objecto. E se tivermos em consideração que o Objecto nodal é a sua Identidade, a sua Definição é simultaneamente a sua Indefinição, a possibilidade de ser várias coisas ao longo do tempo.

Buscar uma identidade é questionar permanentemente a sua limitação. Logo a Vitória desta Demanda será sempre o seu Fracasso, e o seu Fracasso a sua Vitória.

---

[31] Lewis CARROLL – "Alice's Adventures in Wonderland", cap. I, p. 23.

Estratégia 2.
Perder o Medo

Neste País do Avesso, as coisas mais acertadas são tautologias, "tão certo quanto um furão ser um furão". Mas se no mundo real (aparência sem essência) nada se pode perguntar porque se passa por ignorante ("And what an ignorant little girl she'll think me for asking!"),[32] o mundo da fantasia, às avessas, torna-nos de tal forma estrangeiros que nos habitua a perguntar.

Parece-nos evidente a similitude entre Alice e as personagens do tipo Herói-Sem-Medo, que Greimas detectou na cultura europeia em geral, e estudou particularmente na cultura lituana, a sua cultura de origem.[33]

Se, ao contrário deste tipo de Sujeito, Alice não busca o confronto intelectual ou o combate físico (em certa medida, evita-os até, ainda que em vão, não desejando nunca encontrar quem a vença), ela partilha com o Herói-Sem-Medo uma contestação velada à Normalidade e à Verosimilhança. Velada porque nenhum deles busca o confronto dentro da sua ordem social mas fora dela. Independentemente da sua vontade, a ordem social estática em que ambos inicialmente se inscrevem (fundada na incontestada autoridade, na obediência aos mais velhos, no temor, que não somente no respeito, pelo sagrado) é que os torna a-sociais, embora não anti-sociais. É-lhes comum uma permanente delicadeza. Procuram ambos, cada um à sua maneira, quem lhes defina a Identidade, tratando com igual educação o Rei ou o Mendigo, o Forte e o Fraco, o Animado ou o Inanimado, os Homens e os Animais, os Vivos e os Fantasmas dos Vivos, aceitando a Anormalidade dos outros com a mesma tranquilidade com que sempre aceitou a sua própria. Para ambos, a Normalidade é aborrecida, e a Anormalidade torna-os curiosos, não temerosos.

Entre o Sentimento (*Pathos*) e a Razão (*Logos*) se constrói um Carácter (*Ethos*). Quer os Heróis-Sem-Medo, quer Alice sabem que a Vitória (encontrar quem lhes defina a Identidade) é uma forma de Fracasso.[34] Por isso, ambas as estruturas narrativas

---
[32] Lewis CARROLL – "Alice's Adventures in Wonderland", cap. I, p. 18.
[33] Algirdas Julien GREIMAS – *Du Sens. Essais Sémiotiques*, cap. «La Quête de la Peur. Refléxions sur un groupe de contes populaires», pp. 231 e ss.
[34] Algirdas Julien GREIMAS – *Du Sens. Essais Sémiotiques*, p. 238.

têm finais desconcertantes, em relação às premissas de Sujeito e Objecto iniciais. O sonho é um deles (o caso de Alice). Outro é a mudança do Objecto (casamento com uma princesa e abandono da Demanda).

Sob muitos aspectos, a argumentação retórica da *Apologia de Sócrates* pressupõe uma estrutura actancial semelhante à das histórias dos Heróis-Sem-Medo. Também Sócrates interpela os que passam pela ágora para que o convençam de que está errado. Também Sócrates sabe que cada vitória sua é a derrota da ágora e que a vitória da ágora significa a sua derrota. Para além do mais, Sócrates-Sujeito tem como objecto um Objecto distinto do seu interlocutor, discordando ambos do valor em disputa. Em tribunal, Sócrates concebe como audiência o seu "daimon", a sua consciência. Ou então um tempo futuro, em que os seus juízes serão julgados. Só depois fala para os que tem diante de si.

É imparável uma pessoa sem medo: ou já perdeu tudo, ou tudo tem a ganhar. Ainda quando perde a vida. Jogo perigoso, este. Para ambas as partes.

Estratégia 3.
Aprender a dizer Não

Manipulação do Sujeito, primeiro. Depois, a afirmação das suas Competências imanentes. A terceira fase reside na(s) Prova(s). Terminando a Demanda com a Sanção (prémio ou castigo). No final, fecha-se o círculo lógico, argumentativo: todas as premissas da Manipulação seriam reapreciadas pelo mesmo ou por outro Destinador, e premiadas ou castigadas com a apropriação/dom ou privação/renúncia do Objecto, pressupondo a conclusão uma nova ordem legitimada.

As 4 fases (Manipulação, Competência, Provas e Sanção) teriam assim, segundo Greimas, uma lógica sequencial, "universal" e "abstracta". Embora nem todas as fases tenham de estar obrigatoriamente presentes em cada PN, não pode ser alterada a ordem em que surgem nem é determinante quem as provoca. Por outro lado, o sistema actancial da Demanda desenvolver-se-ia em fases de expansão da primeira estrutura (Sujeito/ Objecto).

Sujeito (S) e a busca do Objecto (O)	⇨ Eixo do Querer/ Desejo
Destinador de S define-lhe o Destinatário	⇨ Eixo do Saber/ Conhecimento
Adjuvante/Opositor de S (a)condiciona-o	⇨ Eixo do Poder/ Autoridade

No caso de Alice, a resistência à Retórica do Poder só se torna possível com uma Retórica do Querer e uma Retórica do Saber, duas Retóricas que se aprimoram pouco a pouco, nas palavras e nos gestos. É o diálogo conflituoso entre as duas que permite a Alice 6 grandes descobertas:

1. A Linguagem é uma forma de Poder. Austin denominava acto perlocutório a acção que provocamos nos outros com as nossas palavras. As Competências que viu confirmadas nas involuntárias Provas dizem-lhe que a linguagem, como acto perlocutório, não cria necessariamente aquilo que afirma criar. Todos, no País das Maravilhas, vivem com medo de que a Rainha de Copas lhes corte a cabeça. Efectivamente é essa a frase que a Rainha logo tem pronta para dominar os seus súbditos. E, no entanto, a Rainha de Copas (em inglês, "Queen of Hearts", Rainha dos Corações) nem sempre consegue que os seus súbditos fiquem sem cabeça. Voluntariamente Alice esconde algumas cartas do baralho a quem a Rainha ameaçara matar. "Esconder cartas do baralho", eis uma expressão pouco ingénua.

2. O Poder teme o Olhar. Alice descobre nas autoridades, o temor do Olhar. A autoridade, só legitimada pelo Poder, parece não suportar cabeças nos súbditos: a maior pena em Wonderland é o corte da cabeça. Porque as cabeças podem pensar por si e observar o Poder como estranho e arbitrário: sendo-o, a revelação é fatal para a autoridade. No cortejo, Alice constata que os súbditos se vergam tanto que, de barriga para baixo, nada conseguem ver (cap. VIII). Alice aprende a devolver o olhar. Ao Rei, que desejava cortar a cabeça ao Gato por este o desafiar, Alice argumenta que, num livro, tinha lido que aos gatos era permitido olhar o Rei (cap. VIII).

3. A Linguagem é uma imaginação do Poder. Os actos perlocutórios vivem da imaginação da autoridade. Toda a linguagem se torna uma sequência de actos perlocutórios, criando-se realidade a partir dos imperativos: a Rainha ameaça cortar a ca-

beça de todos, mas o Grifo revela que esse poder está somente na sua imaginação e que nunca a cabeça de alguém rolou (cap. IX); todos dão ordens e mandam recitar lições, mas ninguém parece interessado em dar-lhes sentido; inventam-se no momento leis para um caso particular (*v.g.,* sobre a presença ilegal de pessoas com mais de 1500 metros de altura, na sala do tribunal), mas alegando a sua antiguidade. O que prenuncia a demência do poder é a afirmação do seu carácter absoluto, alheio às provas e combates do sujeito: tudo já está decidido, mesmo antes do combate final. O poder absoluto gosta de afirmar que tem a faca e o queijo na mão. Na verdade, do seu ponto de vista, nada há a discutir, nada há a argumentar, todo o esforço retórico do tribunal é uma farsa, uma peça montada para auto-satisfação do poder instituído. De nada serve escapar à Retórica, através da anti-Retórica ("– I'm a poor man, your Magesty", repete estrategicamente o Chapeleiro, escudando-se na sua pseudo-insignificância). Mas de nada serviria também a Retórica, a não ser para melhorar a qualidade do espectáculo ("– You are a very poor speaker", responde-lhe o Rei).

4. Mais importante que temer é dever. A necessidade de cumprir um dever. Afinal a alteração das sequências (Manipulação, Competências, Provas, Sanção) denuncia o intolerável abuso de autoridade. Porque nos outros, o exercício contínuo da injustiça provocou uma habituação, uma espécie de insensibilidade fatalista. Mas em Alice ele tornou-se uma saturação e o principal motor da revolta. Impulsivamente, Alice insurge-se contra a injustiça, ainda quando não é directamente alvo dela, e sobretudo quando não é ela o alvo dessa injustiça. Custa-lhe vê-la: e o que lhe diziam *não ser da sua conta*, a expressão é frequente, torna-se então *da sua conta*). Sinal dessa injustiça é a inversão da sequência "universal" e "abstracta" de que falava Greimas. À Rainha, que deseja inverter a sequência lógica, pronunciando uma sentença (Sanção) antes da decisão sobre a validade das Provas, Alice declara a artificialidade da sua *auctoritas*. À ordem do silêncio responde com a palavra, em voz alta e decidida. Perdeu, obviamente antes, o medo. Mas o que se torna mais claro nesta fase é a obediência a um dever. Não um dever ditado pelos outros ou pelas leis dos outros. Mas um dever que sente como pessoal, de consciência. O velho grito de Antígona.

5. A Linguagem é uma imaginação do Contra-Poder. As Provas: eis o combate decisivo. Ao acto perlocutório da linguagem do poder se pode responder com o acto perlocutório da resistência ao poder. Por fim, Alice devolverá, invertido, o poder da linguagem. A menina bem-educada, cortês para com todos (Carroll é bem explícito sobre esta característica, até nas instruções que dá a Tenniel, o ilustrador),[35] recusa, pela primeira vez, calar-se, segurar a língua ("– Hold your tongue!"), prescindir do acto da fala. E ao acto que mandava cortar a sua cabeça, responde com igual acto perlocutório, a afirmação autoritária que vem da evidência ("Alice's evidence") da falsa autoridade. Alice aprende finalmente a dizer "não":

"– I won't, said Alice."

O último capítulo, significativamente, denomina-se "Alice's Evidence": Alice vê, olha. Reconhece. Retoricamente, Alice distingue agora a credibilidade da credulidade, a *auctoritas* (poder dado pela razão) da *potestas* (poder dado pelo título ou pela força):

"– You're nothing but a pack of cards!"[36]

6. O poder da Linguagem tem um limite. A Sanção: o prémio (aquisição de um Objecto-Identidade) resolve-se com uma sanção (a perseguição). Os soldados, habituados aos actos perlocutórios, ficam por algum tempo imóveis, divididos entre duas imagens de poder. Mas logo a seguir é necessária a fuga de Alice, ainda que de um baralho de cartas voador: a fuga é uma preservação da Identidade. Até porque, ao contrário do que sucede com os Heróis-Sem-Medo (ou a Sócrates que foge através da morte), a Identidade de Alice (tal como a identidade de S2, o Sujeito da Dedicatória) se confunde com as suas Competências linguísticas: falar, narrar, construir e transmitir histórias.

---

[35] "Loving, first, loving and gentle [...], then courteous – courteous to all, high or low, grand or grotesque, King or Catterpillar [...]; then trustful, ready to accept the wildest impossibilities with all that utter trust that only dreamers know; and lastly, curious – wildly curious, and with the eager enjoyment of life that comes only in the happy hours of childhood, when all is new and fair, and when Sin and Sorrow are but names – empty words signifying nothing!" (Lewis CARROLL – *The annotated Alice: Alice's adventures in wonderland and through the looking-glass*, introd., notes Martin Gardner, p. 26n.

[36] Lewis CARROLL – "Alice's Adventures in Wonderland", cap. XII, p. 112.

No seu extremo, a Retórica do Poder tem como limite acabar com o poder da Retórica. Então, termina a retórica do Sedutor e começa a do puro Predador, a do mais anti-retórico dos argumentos: o *argumentum baculinum*, o argumento não das palavras mas da força. Atenção: antes dele qualquer argumento serve.

"– Se não foste tu, foi o teu pai" –, dirá o Lobo ao Cordeiro, depois de este ter argumentado com uma sequência lógica: também o Cordeiro não podia turvar a água ao Lobo, depois de esta ter passado pelo Lobo. O que não impede o fim da Retórica:

"E comeu o Cordeiro."

Estratégia 4.
Buscar um Sentido no Absurdo

Relembremos a distinção que Greimas estabelece entre as ciências da natureza e as ciências humanas.[37] Ainda que se saiba como funcionam, que sentido tem então o homem e o mundo? Uma personagem se encarregará de lembrar a Alice uma inevitável moral da história: a Duquesa. Uma moral que se impõe como substituta do pensamento: "– Estás a matutar nalguma coisa, minha querida, e por isso esqueceste-te de falar". E continua:

– "Não te sei dizer agora que moral isso tem, mas hei-de lembrar-me daqui a nada.
– Se calhar não tem nenhuma, atreveu-se Alice a comentar.
– Ora, ora, pequena! – exclamou a Duquesa. – Tudo tem uma moral, basta encontrá-la".[38]

Não dizer a moral da história faz parte da moral da história. A Anti-Retórica da Duquesa faz parte da sua eficácia retórica. De forma distinta, mas com igual efeito persuasivo, a Indeterminação do Gato de Cheshire ensina a Alice a importância da Determinação do Sujeito:

---

[37] Algirdas Julien GREIMAS – *Sémantique Structurale. Recherche de Méthode*, nouvelle édition, Paris, PUF, 1986, p. 6.

[38] No original: "– I can't tell you just now what the moral of that is, but I shall remember it in a bit. – Perhaps it hasn't one, Alice ventured to remark. – Tut, tut, child, said the Duchess. Every thing's got a moral, if only you can find it." (L. CARROLL – "Alice's Adventures in Wonderland", cap. IX, p. 84).

"– Podias fazer o favor de me dizer para onde devo ir a partir de agora?
– Isso depende muito de para onde é que queres ir, disse o Gato.
– Não me importa muito onde [...] – respondeu Alice.
– Então também não importa por onde vás, disse o Gato".[39]

A Demanda da Identidade conta assim com uma Necessidade, uma tomada de posição do Sujeito. Mas também é um outro factor da Demanda a existência do Acaso. Um dos caminhos vai dar a casa do Chapeleiro. O outro a casa da Lebre de Março. Alice escolhe o caminho para a casa da Lebre de Março racionalmente, movida pela curiosidade do conhecimento ou pelo desejo de sentido:

"Chapeleiros já eu conheço, pensou ela, a Lebre de Março será muito mais interessante e, se calhar, como estamos em Maio, não há-de estar doida varrida, pelo menos não tanto como em Março".

Mas seguindo o caminho da casa da Lebre de Março, Alice descobre que também lá se encontra o Chapeleiro. Necessidade e Acaso. Sentido e Absurdo, equacionadas de forma muito aproximada ao Existencialismo de Albert Camus, sem a tragicidade de Sísifo. A arbitrariedade entra assim na própria composição do Mundo, limitando o Querer, como limitava o Saber ou o Poder.

Também no último capítulo, perante a utilização de um poema em tribunal, Alice ignora que sentido lhe possa ser dado. E o Rei congratula-se com a falta desse sentido, todavia necessário para o Réu, e talvez imanente, mas desnecessário para o Poder em estado puro:

"– Se não têm significado, disse o Rei, isso poupa-nos imenso trabalho, sabes, já que não precisamos de nos esforçar para o achar. E, todavia, não sei [...]".

---

[39] No original: "Would you tell me, please, which way I ought to go from here? – That depends a good deal on where you want to get to, said the Cat. – I don't much care where, said Alice. – Then it doesn't matter which way you go, said the Cat" (L. CARROLL – "Alice's Adventures in Wonderland", cap. VI, p. 62).

O sentido do sentido, entre a motivação e a arbitrariedade, parece uma questão impossível. Também essa arbitrariedade é uma mácula semiótica. Greimas ironiza:

> "Il est extrêmement difficile de parler du sens et d'en dire quelque chose de sensé. Pour le faire convenablement, l'unique moyen serait de construire un langage qui ne signifie rien. [...] Que de variations littéraires sur ce thème, que de prétextes à écrire sur l'impossibilité, l'indécence, l'absurdité d'écrire".[40]

Problema 6.
Pode a Disforia ser eufórica?

A questão da Manipulação do Sujeito não pode ser, como verificamos, uniformemente eufórica ou disfórica. Não se pode negar a Disforia da Demanda.

Primo. A fragilidade do Sujeito não é somente o começo de uma Aventura, mas também de algumas Desventuras. Só depois da fragilidade o Sujeito se deixaria manipular. Mas de uma forma ambiguamente interesseira: para encontrar uma nova força, passou a ser do seu interesse ser manipulado.

Secundo. O Destinador, força actante que se pode confundir com os Adjuvantes ou os Opositores, pode revelar-se ainda, durante as várias fases da demanda, um traidor. Amparando o Sujeito, amesquinha-o, opondo-se-lhe, criará o Herói.

Tertio. O Sujeito descobre-se, é certo, mas quase sempre através da insuficiência (de competências, por exemplo) ou do sofrimento (nas provas de combate).

Restam-nos, dirá Greimas, a recuperação das isotopias, as redundâncias comunicadas, enfatizadas. E igualmente os laços (campos semânticos, percursos figurativos) que ligam essas isotopias. Seria igualmente redutor descurar a Euforia que na Demanda é permitida.

Primo. Nenhum Sujeito está sozinho. As duas demandas (a do narrador do nível extradiegético / L. Carroll e a da persona-

---

[40] Algirdas Julien GREIMAS – *Du Sens. Essais Sémiotiques*, p. 7 e p. 13.

gem intradiegética / Alice) dialogam através da continuidade do nome de Alice (Destinadora-Destinatária-Sujeito-Objecto).

Secundo. A palavra-dita e a palavra-escrita são suportes que atravessam o Tempo. E também o Espaço. Em *Alice's Adventures*, os dois Sujeitos (o da Dedicatória e o da História) dialogam, no tempo e no espaço, através do livro-objecto. O livro que o S2 oferece a Alice (na Dedicatória) é a concretização do livro que Alice, no capitulo IV, pensa escrever sobre as suas aventuras. E o final do *Alice's Adventures in Wonderland* remete-nos novamente para o universo inicial da dedicatória. Alice acorda e narra à irmã o seu sonho. A personagem torna-se narradora: "a curious dream", "a wonderful dream it had been". E a irmã imagina-a ainda, já adulta, como autora-narradora deste e de outros sonhos. Também os vários espaços do texto se encontram unidos pela Literatura como espaço de salvação.

Tertio. O Ideal contamina o Real. Alice conta o seu sonho à irmã mais velha, que, por sua vez o volta a sonhar, desta vez em estado de semi-vigília, consciente, identificando então as ligações entre o real (os sons, significantes do signo do mundo) e o sonhado (os significados do mesmo signo):

"A passagem do Coelho Branco era o Vento a dobrar a erva alta.
O tilintar das chávenas de chá, o som dos sinos dos rebanhos
Os gritos agudos da Rainha, a voz do pastor.
Os mugidos das vacas, os suspiros da Falsa Tartaruga".

O Ideal revela-se assim transmissível, confirmando a viabilidade do Desejo do narrador da Dedicatória (S2), entregando a Alice a história como coroa de flores raras que um peregrino no tempo lhe trouxera. Ah, porque, no meio de tudo isto, está um invisível Destinador: o Tempo, o Actante que redescobrimos na lembrança das águas do rio ou na evocação da Memória da Infância. O Tempo. Alice sabe bater os tempos, nas lições de música. Ora, como diz o Chapeleiro, que o conhece pessoalmente, ele só não suporta que lhe batam:

– Se tu conseguires estar em boas relações com o Tempo, ele deixa fazer ao relógio quase tudo o que quiseres.[41]

A Literatura é, em *Alice's Adventures in Wonderland*, a expressão da Retórica do Saber e do Querer: uma forma de destruir a Retórica do Poder. Nesse sentido, Greimas tem razão: a Poesia é, certamente, uma forma de euforia,[42] de boa fuga: uma fuga precisa e ampla como a conotação, sistema aberto. A Literatura, no seu limite, ensina sempre uma forma de Liberdade. As imagens que cria a Imaginação confundem-se com as observadas pelos Sentidos. E ambas ficam guardadas (e invisíveis) na Memória. A censura, como por vezes recorda Jorge Luís Borges, sempre foi a melhor amiga das metáforas, dos sistemas semióticos e retóricos abertos. E as metáforas, as parábolas, as narrativas são uma forma delicada e social de resistir à exclusiva Retórica do Poder, a do Predador. Funcionam como Retórica da Resistência, mas quase sempre através de uma Retórica do Sedutor, do Saber e do Desejo, dando liberdade, ainda que aparente, ao seduzido.

Mas por tudo isto cremos que a Literatura não é, como Greimas afirma, "pura euforia". No peregrino, "a simple sorrow" se mistura com "a simple joy". O receio se mistura com a coragem. A indiferença com o empenho. Nestas fugas à Retórica do Poder (eufóricas e disfóricas), a Melancolia de não dizer tudo mistura-se com a Ousadia de, afinal, tudo se poder dizer.

Dentro e fora da Literatura, o Tempo deixa-nos mexer no relógio, porque o tratámos bem:

"– Já és velho, pai Guilherme, disse o menino.
Mais careca do que um frade.
Mas estás sempre a fazer o pino;
Achas que é próprio da idade?"

– Quando era novo, disse o Pai ao presumido,
Receava que me fizesse mal à cabeça;
Mas como estou certo de a ter perdido,
Faço-o sempre que me apeteça".[43]

---

[41] Cf. Lewis CARROLL – "Alice's Adventures in Wonderland", cap. VII, p. 69.

[42] Algirdas Julien GREIMAS – *Du Sens. Essais Sémiotiques*, p. 283.

[43] No original, com algumas diferenças: "You are old, Father William, the young man said,/ And your hair has become very white;/ And yet you incessantly stand on your head./ do you think, at your age, it is right? – In my youth, Father William replied to his

Há, na paródia destes versos de Robert Southey, que as crianças aprendiam de cor, uma enfatização interessante: a do entusiasmo pela vida, em contraposição ou sobreposição à serenidade na vida, num velho diálogo entre o epicurismo e o estoicismo, que nunca dispensa a força da Adversidade. Ou a prática da Argumentação.

"– Já és velho, tornou o jovem. E ao almoço,
Com os teus dentes de ancião mastigaste um faisão,
Mesmo com as cartilagens, o bico e o osso;
Diz-me lá se há alguma razão.
– Quando era novo, disse o Pai com amargura,
Fartava-me de discutir com a minha mulher;
E o exercício reforçou-me a dentadura
Que me há-de durar até morrer".[44]

Em outra canção, o crocodilo ajeita feliz, entre as garras, os peixes que vai engolir.

Por vezes, a Literatura não basta. Mas o jardim está do outro lado. Alice espreita. Quer lá chegar. E não há manual de instruções.

---

son, / I feared it might injure the brain;/ But now that I'm perfectly sure I have none,/ Why I do it again and again." (Lewis CARROLL – "Alice's Adventures in Wonderland", cap. V, p. 50). Vale a pena confrontar os versos de Carroll com aqueles de que são uma paródia: os de um poema didáctico do poeta Robert Southey (1774-1843), *The Old Man's Conforts and How he Gained Them*: "You are old, father William, the young man cried./ The few locks which are left you are grey;/ You are hale, father William, a heavy old man;/ Now tell me the reason, I pray./ – In the days of my youth, father William replied,/ I remember'd that youth would fly fast,/ And abus'd not my health and my vigous at first/ That I never might need them at last" (http://rpo.library.utoronto.ca/poem/1958.html).

[44] No original, com excessivas diferenças (salvando-se a rima): "You are old, said the youth, and your jaws are too weak/ For anything tougher than suet;/ Yet you finished the goose, with the bones and the beak./ Pray, how did you manage to do it? – In my youth, said his father, I took to the law,/ And argued each case with my wife;/ And the muscular strength, which it gave to my jaw,/ Has lasted the rest of my life." (Lewis CARROLL – "Alice's Adventures in Wonderland", cap. V, p. 51). Paródia não literal da última estrofe do poema de Southey: "You are old, father William, the young man cried./ And life must be hast'ning away;/ You are cheerful and love to converse upon death;/ Now tell me the reason, I pray./ – I am cheerful, young man, father William replied,/ Let the cause thy attention engage,/ In the days of my youth I remember'd my God!/ And He hath not forgotten my age" (*Ibidem*).

Táctica II – O *Lobby*: a Construção de uma Academia

O mito do Legislador e o Legislador de Mitos

A instituição da Academia, e sobretudo a academia científica, é, sob múltiplos aspectos, um espaço privilegiado da análise da lei: não só no seu sentido jurídico, mas também político, moral, científico ou literário. Na verdade, a academia é obrigada a debruçar-se sobre a lei: como entidade colectiva que reflecte sobre o conhecimento científico depressa se apercebe da necessidade de um acordo "científico" sobre o que os seus membros aceitam ou contestam com algum consenso (nem que só perfunctoriamente, sobre os modelos científicos ou literários). Mas também porque, enquanto instituição político-social, utiliza frequentemente a lei para se auto-legitimar.

O exemplo que analisaremos aqui é o de uma academia relativamente desconhecida: o da Academia Médica Portopolitana, criada sobretudo a partir dos projectos de Manuel Gomes de Lima, no Porto, em meados do século XVIII, bem no centro do que é o movimento académico setecentista português: cerca de trinta anos depois da Academia Real de História em 1720, e cerca de trinta anos antes da Real Academia Real das Ciências em 1779.

Estratégia 5.
Conceber um Grupo de Pressão

É sempre uma tentação demorar-se o estudioso na vida de Manuel Gomes de Lima. Até porque sucessivamente encontramos o seu nome associado aos dos fundadores ou primeiros sócios de numerosas academias. Como se a instituição da Academia fosse para ele uma quase obsessão, aparecendo esta, nos textos que sobre ela redige, como força persuasora quer do ponto de vista científico, quer do ponto de vista social ou político.

A Academia é ainda hoje um *lobby* (e era-o ainda mais no século XVIII): convence uma sociedade pelo critério da quantidade (um facto ou uma vontade torna-se tanto mais "verdadeiro", ou verosímil, quantos mais forem os que seus defensores). Mas não só. A Academia convence uma sociedade pelo critério da qualidade (um facto ou uma vontade torna-se tanto mais "verdadeiro", ou verosímil, quanto mais credível for a autoridade dos seus membros). Em suma, a Academia convence uma sociedade enquanto fonte não só de actos locutórios ("audíveis" através das suas publicações ou sessões públicas) mas obviamente também ilocutórios e perlocutórios: existe um valor acrescido ao que é dito que deriva de quem e como o diz, sendo a autoridade dos membros da academia confirmada tautologicamente pelo prestígio dos "académicos".

Gomes de Lima, curiosamente, não nasceu em Lisboa, mas numa das províncias mais afastadas da capital, na vila de Ponte de Lima, freguesia de Santa Marinha de Arcozelo, nos primeiros dias de Janeiro de 1727.

Tal distanciamento não o limitou (como não limitava a muitos mais), até porque, nas suas próprias palavras, "dotou-o a natureza de hum genio (...) incansavel".[45] Mas também porque os seus mestres foram os livros mais do que as pessoas, e os livros se deslocam mais facilmente.

> "Principiei a gostar das boas letras, provi-me de livros de outras naçoens, busquei mestres estrangeiros, e fui-me desenganando de que havia mais mundo, que Portugal, e que

---

[45] Manoel Gomes de LIMA – *Receptuario Lusitano Chymico-Pharmaceutico, Medico-Chirurgico ou Formulario de Ensinar a receitar em todas as enfermidades, que assaltão ao corpo humano (...)*, Porto, Off. Prototypo Episcopal, 1749, Prologo, s.p.. Se, aos dezoito anos, conhecia o livro oficial dos cirúrgicos de António Ferreira, e "o sabia como o Padre Nosso", aos vinte e dois escrevia um *Receptuario Lusitano Chymico-Pharmaceutico* que é o primeiro livro dos muitos com que procurará abalar as leituras "oficiais".

em muitas materias de Chirurgia, Portugal não era o mais douto Reyno do Mundo".[46]

Por isso, certamente, Gomes de Lima desde cedo revela as suas fortes ligações às academias espanholas e portuguesas. Em 1749, figura já como "Collegial do Real Collegio de S. Fernando dos Cirurgioens da Casa Real de Castella da Corte de Madrid".[47] Pouco depois, apresenta-se como sócio da Sociedade Real das Ciências de Sevilha (já fundada em 1697). Encontraremos o seu nome ainda associado a duas outras academias portuguesas: a Sociedade Económica dos Bons Compatriotas Amigos do Bem Público de Ponte de Lima (que tinha como modelo as muitas congéneres espanholas), e que, logo em 1779, quando é constituída, o elege para Sócio honorário;[48] e ainda a Academia Real das Ciências de Lisboa, criada poucos meses depois e naquele mesmo ano, onde figura desde cedo como correspondente.

Problema 7.
Como legislar a inveja académica?

É a sua actividade como membro fundador e redactor de estatutos que aqui nos parece mais elucidativa. Depois de fracassadas as tentativas do catalão Monravá y Roca, para criar em Lisboa uma Academia Cirúrgica Ulissiponense,[49] o nome de Gomes de Lima aparecerá indelevelmente associado às instituições académicas e ao entusiasmo por este tipo de associações. Parece ter participado activamente, e desde cedo, no projecto da primeira academia portuguesa dedicada expressamente às ciências, e à ci-

---

[46] Manoel Gomes de LIMA – *Reflexeons Criticas sobre os Escritores Cirurgicos de Portugal... Reflexam 1 que comprehende o Universal, e parte do Livro Primeiro de Antonio Ferreira Lisbonense, Recitado publicamente na Real Academia Medico-Portopolitana Por seu secretario...*, Salamanca, Off. Eugenio Garcia Honorato, e S. Miguel Impressor de la Universidad, [1752], Prologo, s.p.

[47] Cf. capa do seu *Receptuario Lusitano Chymico-Pharmaceutico, Medico-Chirurgico ou Formulario de Ensinar a receitar em todas as enfermidades, que assaltão ao corpo humano (...)*, Porto, Off. Prototypo Episcopal, 1749.

[48] Manoel Gomes de LIMA – *Os Estrangeiros no Lima*, 2 tomos, Coimbra, 1785 e 1791, t. I, pp. 18-19.

[49] Pedro Vilas Boas TAVARES – *Experimentalismo, Iluminismo e fisiocratismo na obra de um Cirurgião Moderno. Evocando Lima Bezerra (1727-1806)*, sep. "Revista da Faculdade de Letras do Porto. Línguas e Literaturas", II Série, Porto, 1988, vol. V, tomo II, p. 519.

ência médica em particular, sendo da sua autoria ou co-autoria, pelo menos quatro reformulações da Academia Médica.

Em 1748, com 21 anos, está como secretário num projecto de Academia Chirurgica. Acabará por ser dela expulso, num processo pouco claro que passará pelas intrigas de dois académicos cujos nomes revela (Alberto da Sylva Freyre e Lourenço Joze de Mello).

"Já na estampa padeceu este livro calumnias e quasi naufragio. Dous Cirurgioens ouve, Academicos da Academia Chirurgica que fizerão todo o possivel por sepultallo no pelago do esquecimento. (...) *Como o mundo me attribue a fabrica daquella já declinante Sociedade*, querem com eclipsar meu nome fazer obstentação de ingratos (...)".[50]

A inveja, razão que invoca para tal procedimento, parece ser demonstrada pela sequência dos eventos. Depois da sua expulsão, a academia reconstituir-se à volta do secretário expulso, sem dúvida sob a denominação de Academia dos Escondidos.[51] Nesta Academia, muito provisória, toma, como secretário, provavelmente o nome de Podalírio.

---

[50] Manoel Gomes de LIMA – *Receptuario Lusitano Chymico-Pharmaceutico, Medico-Chirurgico ou Formulario de Ensinar a receitar em todas as enfermidades, que assaltão ao corpo humano (...)*, Porto, Off. Prototypo Episcopal, 1749, Prologo, s.p., itálico nosso. No Prologo do *Receptuario Lusitano*, bem como numa carta nele incluída, datada de 28 de Junho de 1748, o autor dá conta de algumas perseguições dos dois académicos e reacções dos restantes. Manuel Gomes de Lima alargar-se-á mais pormenorizadamente nas *Memorias Chronologicas e Criticas para a Historia da Cirurgia*, Lisboa, Off. Antonio Rodriguez Galhardo, 1779, Introd., pp. 80-81. Sobre esta academia de 1748, vide sobretudo Francisco de la BARRAS DE ARAGÓN – *Noticia de varios documentos referentes a las relaciones científicas sostenidas entre las academias de Oporto y Sevilla en el siglo XVIII*, in "Ciencias Naturales", Tomo IV, Asociación Española para el Progreso de las Ciencias, Congreso de Oporto, Madrid, 1921, pp. 115-123, nela se referindo uma carta de Outubro de 1748, de Alberto Freyre de Andrade, noticiando a expulsão do Secretario "por inapto para os empregos desta Academia". Também Marie-Hélène PIWNIK se lhe refere (*Echanges erudits dans la Péninsule Ibérique (1750-1767)*, Paris, Fond. C. Gulbenkian, 1987, v.g., pp. 27-8).

[51] Veja-se a este propósito o "Catalogo dos Academicos Escondidos e dos Curiosos que concorreram para este mez", publicado no primeiro número do *Zodiaco Lusitanico-Delphico (...), Anno de 1749, Mez de Janeiro*, que é dada como "obra da Academia dos Escondidos da Cidade do Porto, Imitadores da Natureza". Os membros assinavam com nome árcade (Apollo, Jason, Argos, Podalírio, Phosphoro, Andromacho, Rhasis), não só porque se consideravam "fiscaes do bem commum, e não da Vangloria", mas talvez para salvaguardar o sigilo da iniciativa, já que, no Prólogo, "todos protestão não dar satisfação aos Zoilos, mas só aos Eruditos".

É ainda como secretário que, em 1749, integra a chamada Academia Cirurgica Prototypo Portopolitana. Toma no entanto o cuidado de, nos Estatutos, acautelar juridicamente o cargo, tornando o título de secretário vitalício.[52] Tais estatutos, que diz serem redigidos tendo por modelo as academias europeias, são promulgadas por Decreto de 20 de Maio daquele mesmo ano. E daquele ano é também a publicação do primeiro e último número do *Zodiaco Lusitanico-Delphico*.

Em 1751, todavia, coloca-se a necessidade de elaborar novos Estatutos para o que parece ser um novo reajuste dos seus membros. As eleições para os cargos, marcadas para de três em três anos, alimentam a crise. Ficará sobretudo indefinido o nome do novo Presidente, já que o anterior, Manuel Freyre da Paz, saíra agastado por se não ter considerado vitalício também o título de Presidente. Não há notícia de os novos Estatutos terem sido publicados. A academia parece ir definhando, sem actividade notória. O terramoto em 1755, ou a morte, em 1756, do seu protector, o Arcebispo D. José, irmão de D. João V, são as machadadas finais.

Em 1759, nova academia parece surgir das mãos de Gomes de Lima. O Protector-Mecenas é agora o próprio Sebastião de Carvalho e Mello, então ainda Conde de Oeiras. O Presidente é António Soares Brandão, pouco tempo depois agraciado com o título de Cirurgião-Mor do Reino. É uma nova academia, considerada em 1761 "ainda (...) nascente"[53] e por isso não uma mera ressurreição das anteriores. Apesar de Gomes de Lima constar agora como Director, mais uma vez se coloca, até porque é ainda e somente cirurgião, num lugar de menor prestígio. Não é, aliás, a busca do prestígio que o move, mas a possibilidade de controlar as correspondências com outros académicos, de centralizar a troca de livros e notícias científicas, de preparar as publicações

---

[52] Leiam-se os versos de um Romance dirigidos a Gomes de Lima e por ele publicados no *Receptuario Lusitano*, em 1749, e que indicam já a reformulação dos Estatutos: "Heroe tão singular, que por sciente/ Se fez credor de empregos tão altivos,/ Que sendo secretario ca no Porto,/ No Collegio de Madrid tem exercicio./ Fazendo o seo engenho sublimado/ Tal eco na Germania, e em Berolina/ Que a Regia Sociedade sabiamente/ O confirmou seo socio toda a vida".

[53] Cf. F. Bernardo de LIMA – *Gazeta Literaria ou Noticia exacta dos principaes escriptos modernos, conforme a analysis que delles fazem os melhores Criticos e Diaristas da Europa*, Porto, Off. Francisco Mendes Lima, 1761, vol. I, p. 286.

no *Diario Universal de Medicina*, e assim as ir divulgando por essa Europa fora.[54]

Também nos Estatutos da Arcádia Lusitana, em 1756, a Inveja foi oficialmente proscrita da Academia: sublinha-se repetidamente "o espírito sincero e desejoso de descobrir a verdade", "o sincero desejo de aproveitar a si e aos seus companheiros", "a eficácia em se ajudarem mutuamente", "comunicando-lhes com toda a singeleza a sua erudição, luzes e conhecimento". À Inveja se refere Correia Garção, chamando-lhe "triste" e vendo-lhe a "testa pálida".[55] E também Francisco Dias Gomes a diz "negra", "torpe", e um "monstro vil" que oprime a virtude e o merecimento.[56]

E no entanto, à Inveja se deveria, segundo Correia Garção, o desaparecimento da Arcádia Lusitana. Pois, apesar de legislada, ela movia muitos dos seus membros, mais preocupados com a glória pessoal do que com a alegada glória das Letras e movendo-se os alguns, *inter pares*, com aquela presunção de que a Academia se salvaria se só eles se salvassem.

---

[54] É notável a penetração de Gomes de Lima no universo académico espanhol. Como salienta Marie-Hélène Piwnik, o *Diario Universal de Medicina* é, no terceiro quartel do século XVIII, a única obra em português e na edição portuguesa publicitada na *Gaceta de Madrid*, nº 43 de 1764 (Marie-Hélène PIWNIK – *Echanges erudits dans la Péninsule Ibérique (1750-1767)*, Paris, Fond. C. Gulbenkian, 1987, p. 283) Nos quatro números do *Diário Universal* (os três primeiros assiduamente, em 1764, o último em 1772) se vai publicando o que Gomes de Lima organiza a partir das colaborações dos membros académicos. Publicam-se também, pelo menos, os textos das duas Conferencias públicas a de 9 de Junho de 1960 e a de 20 de Janeiro de 1761 (em que o local de reunião habitual é substituído pelas salas mais vastas do Hospício dos Capuchinhos de Celeiros [*sic*]). Francisco Bernardo de Lima comentará precisamente a oração pública de 1761 na sua *Gazeta Literaria* (*Gazeta Literaria ou Noticia exacta dos principaes escriptos modernos, conforme a analysis que delles fazem os melhores Criticos e Diaristas da Europa*, Porto, Off. Francisco Mendes Lima, 1761, vol. I, pp. 285 e ss.), originando então uma brevíssima querela. Gomes de Lima justifica o interregno da publicação entre 1764 e 1772 com a frequência e doutoramento na Faculdade de Medicina de Coimbra, a que se seguiria o entusiasmo pela mais alargada prática médica (Manoel Gomes de LIMA – *Diario Universal de Medicina Mez de Abril de 1764*, Lisboa, Regia Officina Typograica, 1772, Ao Leitor).

[55] Correia GARÇÃO – *Obras Completas*, ed. António José Saraiva, 2ª ed., Lisboa, Sá da Costa, 1982, vol. I, Ode XI, p. 107. Cf. Estatutos da Arcádia, na mesma edição, vol. II, pp. 231 e ss.

[56] Francisco Dias GOMES – *Obras Poéticas*, Lisboa, Typ. Academia Real das Sciencias, 1799, Elegia XVII, pp. 243-4.

Estratégia 6.
Legislar, legislar, legislar

O século XVIII tem uma evidente atracção pela codificação. Acredita que ela poderá tornar o mundo muito próximo da perfeição paradisíaca. Sentindo-se como deuses no momento da criação do mundo, os governantes (mais ou menos iluminados, mais ou menos iluministas) legislam, legislam, legislam. Não se limitam a organizar a legislação existente ou a desejar reformulá-la: elaboram códigos que legislam quase *ad initium*, abandonando progressivamente como fonte do direito o costume e a tradição. O *Codex Theresianus*, de Maria Teresa de Áustria, chegava a prescrever os meses de aleitamento obrigatório das crianças. Espírito idêntico anima a Czarina Catarina ou Pedro, o Grande, na Rússia; e Frederico, na Prússia. Todos projectam (ainda que muito do que legislam fique felizmente no papel) grandes configurações legais, sendo amiúde apresentados (nos textos políticos ou nos textos literários portugueses) como os grandes modelos para os nossos governantes. Sobre o rei D. José e o seu ministro Sebastião de Carvalho e Melo se projecta um cânone mítico que tanto se refere ao governante como avatar de "Zeus" ou "Júpiter", como o designa como "Pastor da Lysia" ou "luso Frederico". No reinado de D. Maria, o projecto do novo Código de Mello Freire, apesar de nunca ter sido aprovado, é o cumular desse espírito legislativo: legisla-se sobre os animais que se podem ter em casa, sobre a iluminação nas ruas, mas também sobre um exame para noivos, sobre a organização dos tempos livres, sobre os exercícios de ginástica obrigatórios.

Os governados reclamam como seu direito a redacção de constituições escritas que superem a fragilidade das constituições tácitas. O papel, o livro, que sempre tiveram um poder de evocação quase mágico, tornam-se agora um "direito".

Nas instituições académicas, é notório o crescente valor dado aos Estatutos, até então reservados às academias reais, como a de História, fundada por D. João V. Cada vez mais as academias particulares (por menores que sejam) se auto-legitimam através de estatutos escritos, que os seus membros devem conhecer e subscrever, sob pena de não serem membros plenos.

Neste particular aspecto, é desde logo notória a azáfama legislativa de Gomes de Lima, a quem não basta a constituição de uma academia, mais ou menos provisória, mais ou menos laudatória, a que tanto o primeiro Protector, o Arcebispo de Braga, como o segundo, Sebastião de Carvalho e Mello, estavam de sobejo habituados. Os estatutos, as normas básicas que regem a academia, funcionam como uma Constituição política: por um lado vinculam os membros entre si, gerindo a igualdade entre as várias funções; por outro, vinculam o poder político a uma obrigação.

Estratégia 7.
Associar a Autoridade à Liberdade

Cada vez mais sensível às fraquezas humanas que levam à cisão entre os sócios e à dissolução das academias, Gomes de Lima vai utilizando os estatutos para criar um protótipo do académico. Mas com frequência se liga esse protótipo do académico ao protótipo de uma sociedade civil mais alargada, de espírito mais livre, liberal. A lei é cada vez mais uma vontade, para além da cada vez mais polémica questão de saber quanto dessa vontade é um reflexo da "ordem natural" ou do "direito natural".

Segundo os Estatutos de 1751,[57] sob esse aspecto um aperfeiçoamento dos de 1749, uma das primeiras funções estatutárias parece ser a promoção da liberdade de expressão e da igualdade entre os membros, eliminando, na medida do possível, os favores pessoais e a hierarquia social. Assim:

I. Os únicos cargos vitalícios serão o do Príncipe Protector (Estatuto IV), o de Secretário (Estatuto XXV) e o de Fiscal (Estatuto XXVI).

II. Os corpos gerentes (inclusive o lugar de Presidente) terão de ser confirmados de três em três anos por escrutínio (Estatutos XXIV, XXVIII, 2, XXXIII, *passim*).

III. As decisões terão de ser todas submetidas a votação, podendo só o Presidente votar duas vezes em caso de empate (Estatuto XXIII).

---

[57] *Estatutos da Academia Medico-Portopolitana*, Porto, [1751], Ms. 882 do Arquivo Distrital de Braga.

IV. Nenhum académico pode interromper o voto de outro (Estatuto XXIII).

V. As propostas serão feitas levantando-se o proponente, pedindo licença para falar ao Presidente, que lha não poderá negar (Estatuto XXXII).

VI. Sendo os votos públicos ou *in voce*, começará por falar "o mais moderno", "para que o respeito dos mayores o não perturbe ou reprima". Sendo os votos por escrutínio ou secretos, principiarão pelo maior (Estatuto XXXI).

Se a princípio, Gomes de Lima reconhece que os Estatutos tinham servido "para acomodar os muitos indivíduos", mais tarde, sobretudo na versão de 1751, utilizá-los-á para filtrar o número de membros e delimitar as honrarias que não provenham do saber. Trata-se a Academia como uma sociedade ideal, claramente distinta da sociedade real, sendo por isso implícita, em muitos dos estatutos, a antítese entre o mundo da academia e o mundo "lá fora".

VII. O Estatuto VIII torna fixo o número de Ilustres, estabelecendo que, independentemente do crescimento da academia, não hão-de ser mais de vinte e quatro. Estes Académicos Ilustres, pelo sangue ou até pelas letras, mesmo que eleitos pelo Protector, terão de ser propostos pela Academia.

VIII. O Estatuto IX relembra que os novos académicos deverão ser acolhidos sem que os vigentes se lembrem de empenhos ou obséquios.

IX. O Estatuto XIX exige a apresentação de pelo menos cinco actos científicos para ser admitido.

Estratégia 8.
Associar a Autoridade ao Saber

Ao regulamentar-se sobre o género de trabalhos apresentados, ressalva-se o seu carácter objectivo/científico, separando-se (bem antes da Academia das Ciências e muito mais do que a Academia das Ciências) a diferença entre a academia científica e a academia literária.

X. O Estatuto XV estabelece que os escritos publicados pela academia somente poderão incluir o discurso laudatório ao Príncipe Protector na Oração Inaugural ou no Preludio;

XI. Desde logo, o Estatuto I incita à "verdadeira Sabidoria Natural", "abandonando as hiperboles, affectaçoens e sophismas de preocupados entendimentos".

XII. Corolando esta associação entre Autoridade e Conhecimento, se institui a Especialidade académica. Apesar de admitir membros de outras áreas do saber (nos Eruditos se podem incluir "todos os sogeitos de bom juizo e penetração e criados no manejo das letras" (Estatuto II), a Academia Médica valoriza claramente os que se encontram ligados a esta área do saber. Até porque em Portugal, ao contrário do que sucedia em Espanha e em muitos outros países da Europa, não existiam ainda academias científicas.

É nesse aspecto que as academias médicas organizadas por Gomes de Lima querem ser distintas das demais. Gomes de Lima sabe que a academia é uma instituição cultural comum, ainda no reino de Portugal, mas sublinha a novidade das suas:

"(...) há nelle, e ouve [sic] Academias singulares, Anonymas Academias, discretas Conferencias, e Historicos Museos, porem nunca Medicas Sociedades".[58]

Mesmo os Eruditos de outras áreas serão admitidos na medida em "que possão contribuir à sabedoria Natural". O lugar de Presidente, por exemplo, só pode ser ocupado por um Médico (Estatuto XXIII). A função dos académicos, mais do que a especulação teórica, será a de "enriquecer a Historia Natural de Descubrimentos [sic], Experimentos, e Observaçoens" (Estatuto XI). O Presidente será "hum medico douto e o de mayor merecimento" (Estatuto XXIII). Os seus adjuntos terão de ser "laboriosos, maduros e scientificos" (Estatuto XXIV).

---

[58] *Zodiaco Lusitanico-Delphico. Anatomico, Botanico, Chirurgico, Chymico, Dendrologico, Ictyologico, Lithologico, Medico, Meteorologico, Optico, Ornithologico, Pharmaceutico, e Zoologico. Anno de 1749, Mez de Janeiro. Obra da Academia dos Escondidos, da Cidade do Porto, Imitadores da Natureza. Debaixo da Protecçam do Serenissimo Senhor D. José, Arcebispo de Braga Primaz das Hespanhas, &c.,* ed. fac-similada, Porto, [Lit. Artistas Unidos], s.d., na Dedicatória.

Excluindo-se o caso dos membros Ilustres, todos os outros se distinguirão pelo saber. Confirma-se assim a credibilidade do *lobby* e a aplicação da lei (o académico deve ser sábio, logo é sábio o académico). Os Colectores "serão sempre sogeitos muito intelligentes e conhecidamente benemeritos" (Estatuto IX). O Secretário não só será "sogeito sabio" (Estatuto IX) e inteligente na sua faculdade, como "terá noticia dos estillos academicos, idiomas principaes da Europa, comprehensão das Belas Letras, prompto, e apto para a composição da Historia" (Estatuto XXV), não se excluindo o Vice-secretário de semelhante sabedoria (Estatuto XXVII, 6). O Fiscal "sempre sogeito de vasta erudição, noticias, zelo, e independencia" (Estatuto XXVI). Os dois académicos Informantes terão a seu cargo informar-se "das Gazetas, Diarios Eruditos, Memorias de Trevoux e Bibliothecas de Escriptores, dos livros que sobre Medicina e seus pertences sahirem nos Reinos Estrangeiros, para o que serão doutos nas linguas Franceza, Italiana, e Ingleza" (Estatuto XLI, sendo de realçar a ausência de referência ao Latim, ainda língua científica). Toda a Academia "será governada por um corpo igualmente sabio e prudente", constando de sujeitos "sapientissimos, não se admitindo nenhum que não seja de agudisssimo engenho e penetração" (Estatuto XIX).

Estrategicamente, Gomes de Lima elabora mesmo, embora com alguma ambiguidade, uma legitimação histórica de uma nova aristocracia, a dos cirurgiões. Se era considerado nobre o soldado que, para defender a pátria, ceifava vidas, como deveria ser considerado o cirurgião que, para honrar a pátria, salvava vidas? Porque se torna o primeiro aristocrata e o segundo mecânico?[59]

"Apezar da força destes argumentos, houve Escriptores que negarão aquellas honras aos Cirurgioens, e que os pozerão na classe dos mecânicos, sendo destes Escriptores os mais

---

[59] A valorização do trabalho mecânico (*praxis*) através da construção de um discurso ideológico (*theoria*) não é um procedimento típico ou limitado ao século XVIII ou à actividade do cirurgião médico. A título de exemplo se refira que o encontramos no Renascimento, na valorização da Pintura: Leonardo Da Vinci definia-a como "una cosa mentale". Também os académicos universitários portugueses, a crer no testemunho um pouco irónico de Nicolau Clenardo, recordavam frequentemente a equiparação do doutor a um título de nobreza. Os próprios juristas, utilizados por Gomes de Lima como argumento, reavivaram antigas leis de Bizâncio para aproximar o jurista da nobreza, dos Condes palatinos, vista como uma aproximação à classe dos governantes.

cegos alguns dos pequenos juristas, de cujos tratados tem sido inundada boa parte da Europa, e particularmente as nossas Espanhas. Estes, ou fundando-se em regras geraes sem attenderem ás limitações que a razão e as leis determinantes, ou quasi determinantes facilmente persuadem, ou copiando sua descripção sem critica e sem exame logico os erros de outros Autores (...) são juristas imperfeitos, ou como echos huns dos outros, não reparando nas palpaveis contradições em que miseravelmente cahem".[60]

Aquando da nomeação do Presidente da Academia, António Soares Brandão, como Cirurgião-Mor do Reino, Gomes de Lima não deixa de utilizar a autoridade do jurisconsulto João de Carvalho para sublinhar que, se na Antiguidade tal posto equivalia a *archiatros*, naquele seu tempo equivaleria pelo menos a Conde.[61]

Quando se refere-se a necessidade de estender aos cirurgiões os privilégios que desde a Antiguidade se reconhecem aos médicos, se cita Paulo Zachias, por ser médico e jurista. Será significativo que, ao longo das reformulações da academia, o número de teólogos decresça em benefício do dos juristas?[62]

Estratégia 9.
Construir, ainda que na água

Sob certos aspectos, a Academia torna-se, como sucede invariavelmente um lugar perfeito, uma eu-topia. Mas também

---

[60] Manuel Gomes de Lima *apud* F. Bernardes de LIMA – Gazeta Literaria *ou Noticia exacta dos principaes escriptos modernos, conforme a analysis que delles fazem os melhores Criticos e Diaristas da Europa*, Porto, Off. Francisco Mendes Lima, 1761, vol. I, p. 291 e também p. 294.

[61] Manoel Gomes de LIMA – *Oração inaugural com que se abriu a Conferencia publica da Real Academia Chirurgica do Porto no dia de S. Sebstião [sic] do anno de 1761 sendo seu Presidente Antonio Soares Brandão (...) composta e recitada pelo Director da mesma Academia...*, Porto, Off. Cap. Manoel Pedroso Coimbra, 1761, p. 29.

[62] Sinal desta abertura é a reformulação do Estatuto XV de 1749. Nele se determinava que os académicos Eruditos deveriam ser sempre presbíteros seculares ou religiosos. Na versão de 1751, o Estatuto XI diz poderem ser Eruditos "os doutos professores de Mathematica, Physica, Astronomia, Geometria, Historia Natural, e também de Theologia e Jurisprudencia, sendo menos o numero destes e mayor que for possivel daqueles". Do Corpo da Academia (depois Junta de Governo) se eliminará a figura do Teólogo. Este tinha, entre outras funções, a de redacção dos elogios ao Príncipe Protector, e revisor dos erros ou desvios em pontos de ortodoxia. Entre os espanhóis da Academia de 1751, existem dois advogados do Conselho Real (Marie-Hélène PIWNIK – *Echanges erudits dans la Péninsule Ibérique (1750-1767)*, Paris, Fond. C. Gulbenkian, 1987, p. 33).

um sem-lugar, uma a-topia, ou a um espaço móvel, já que não corresponde exactamente a um espaço físico mas sobretudo a um espaço cultural e moral. Parece-nos bastante significativo que um dos meio-círculos em que se divide a Academia – para além das colónias terrestres portuguesas (Madeira e Açores, África: Luanda, Brasil, Costa Índica) e espanholas (África: Ceuta, América Central e Sul) – se considerem como parte do círculo Marítimo as naus, as fragatas e os galeões (Estatuto V de 1751).

Não nos parece haver aqui somente uma referência às expedições científicas, organizadas por essa Europa fora e sobretudo pelos académicos ingleses da Royal Society, "modelo de todos os Experimentaes do Universo"[63] (embora, naturalmente, ela tenha de ser considerada). Parece-nos também significativo um certo valor simbólico que identifica o espaço do Barco como parte do círculo académico: a academia está onde sopra o espírito académico, não se restringe (a não ser por razões burocráticas) a um lugar específico, Cádis ou Lisboa, os principais portos de Portugal e Espanha.

A Academia torna-se simbolicamente uma Ilha flutuante, com a carga utópica que têm as ilhas e a sua indefinição geográfica, desde a mítica Atlântida, de Platão, até à mítica ilha da Utopia, de Tomás Morus. O cosmopolitismo das academias setecentistas, o intercâmbio dos sábios para além das fronteiras nacionais, torna-se uma espécie de comércio livre do saber, promotor de uma felicidade geral, avesso (como todo o comércio nos textos setecentistas) à guerra e à centralização da autoridade. O saber guardado (da mesma forma que a mercadoria armazenada) não gera riqueza. A inveja, a avareza intelectual é tão nociva quanto a economia de subsistência, pouco ousada e de curtas vistas, como procurará comprovar Gomes de Lima em *Os Estrangeiros no Lima*, num diálogo entre personagens que se comportam entre si como acadêmicos.[64]

---

[63] Manoel Gomes de LIMA – *O Practicante do Hospital Convencido. Dialogo Chirurgico sobre a Inflammação...*, Porto, Off. Episcopal do Cap. Manoel Pedrosa Coimbra, 1756, Dedicatoria.

[64] Manuel Gomes de Lima BEZERRA – *Os Estrangeiros no Lima*, apres. José Adriano de Freitas Carvalho, ed. fac-similada da 1ª com um volume suplementar de estudos, 3 volumes, Viana do Castelo, C. M. Viana do Castelo em colab., 1992, *passim*. Sobre os aspectos económicos, vide Moses Bensabat AMZALAK – *Os estudos económicos de*

Mas os sucessivos Estatutos redigidos para a nova Academia Médica parecem desejar salvaguardar a necessidade do seu carácter sistemático e escrito.

Desde logo, como já referimos, porque a escrita possui o carácter mágico de criar realidade. O texto escrito tem um corpo material que parece menos evanescente que a palavra dita ou, como prefere S. Paulo, "a lei inscrita no coração dos homens". O movimento constitucionalista da segunda metade do século XVIII remete para a mesma necessidade: a da codificação, num único texto, das leis fundamentais, nomeadamente as que garantem o princípio da liberdade, igualdade e fraternidade entre os cidadãos, vinculando o Rei, através do juramento, a um contrato social mais ou menos tácito, no sentido em que é definido por Rousseau. Segundo grande parte dos textos preambulares das novas Constituições, e seguindo o modelo da primeira Constituição Francesa de 1791, o seu carácter escrito permitir-lhe-ia ser difundida entre os ainda não iluminados pela sua luz, ou ser recordada pelos que, por ignorância ou má-fé, a esqueceram.

Governantes e governados delimitam direitos e deveres que terão de ser cumpridos sob pena de se tornar legítima a revolta ou a revolução. No Direito e na Literatura, confundem-se frequentemente os textos literariamente jurídicos ou juridicamente literários, em geral imbuídos de um semelhante furor pedagógico. Jean Carbonnier fala mesmo, para esta mesma época, de uma "literatura legislativa" que quase conformaria um género literário.[65] *Télémaque*, de Fénélon, seria um livro de legislação romanceada. Diderot, autor de umas *Observations sur l'instruction de S. M. Impériale aux Députés pour la confection des Lois* (de 1774), confundir-se-ia com o Diderot, autor de "drames bourgeois". Não seria difícil nacionalizar tais exemplos com as *Viagens de Altina*, de Luís Altina de Campos, ou *O Verdadeiro Método de Estudar,* de Luís António Verney.

Manuel Gomes de Lima Bezerra, sep. "Anais do Instituto Superior de Ciências Económicas e Financeiras", vol. XXVIII, Lisboa, 1959.

[65] "Il y a eu, au siècle des Lumières, tout un genre philosophique – disons même (...) tout un genre littéraire, qui mérite l'épithète de législatif. Plus qu'une mode intellectuelle, ce fut un courant de pensée, parfois même un torrent de sentimentalité." (Jean CARBONNIER – *Essais sur les lois*, s.l., Répertoire du Notariat Défrenois, 1979, p. 206).

Se a Academia, do ponto de vista sociológico, se constituiu como pequeno estado ideal, os seus estatutos funcionam politicamente como uma pequena Constituição. Prova disso parece ser o cuidado testemunhado pelos Estatutos da Academia Médica Portopolitana, em adoptar uma terminologia política. Os Estatutos académicos tornam-se facilmente uma Constituição política.

Vimos já que salvaguarda princípios jurídicos como os da liberdade de opinião, igualdade, ou até fraternidade, entre os membros. Mas se dúvidas nos restassem, bastaria reparar nos lexemas que aparecem nos Estatutos de 1751 (a este respeito, muito mais explícitos que os de 1749). Senão vejamos:

a) o principal orgão de gestão da academia é denominado Junta do Governo, sendo formado pelo Presidente, adjuntos, Secretário e Fiscal (Estatuto XXIII);

b) a Junta do Governo será obrigada, antes e durante as suas acções a ouvir e dar seguimento às resoluções da Mesa de Colectores (v.g., Estatutos XXVII, 7 e XXIX);

c) os académicos dos círculos são denominados Deputados (Estatuto III);

d) os sub-grupos de trabalho da academia funcionam com o nome de Círculos (sendo, em 1751, três portugueses e nove espanhóis), que se organizam autonomamente como verdadeiros círculos eleitorais, governados por uma Mesa de Colectores formada por Presidente, Adjunto e Secretário (Estatuto V);

e) cabe aos Deputados, por eleição, a integração de todos os novos académicos (Estatuto IX).

Se compararmos a organização académica com as instituições do Estado, evidenciar-se-á novamente a sua filosofia liberal. Poderemos aproximar a Junta de Governo do Poder executivo e a Mesa de Colectores das Cortes, principal sede do Poder legislativo.

Na Constituição, não há legislação penal. A função do poder judicial (e a consequente resolução dos conflitos legais) é quase sempre ignorada. A perfeição da Academia pressupõe que os seus membros merecem ser seus membros e que, [...] se não merecem ser seus membros, deixarão de ser considerados merecedores do título de académicos. Em suma, só faz parte da sociedade académica quem merece ser membro da sociedade académica, sendo esta constituída somente pelos elementos positivos: "lorsqu'un peuple est vertueux, il faut peu de peines".[66] Se o Estatuto XXI de 1751 estabelece que nenhum académico se pode dar por escuso ou impedido, também o Estatuto XVIII considera tácita e liminarmente vago o lugar do académico que não cumprir os estatutos. Quando muito, sob proposta dos restantes académicos, o Protector-Mecenas pode sancionar a libertação das obrigações ou a expulsão do cidadão/académico (Estatuto XXI).

Essa função poderá aproximar-se do modelo de Montesquieu que, embora incluindo o poder judicial na trilogia dos poderes, não vê no juiz senão "la bouche qui prononce les paroles de la loi",[67] sendo o poder judicial uma força "pour ainsi dire, invisible et nulle".[68]

Nos Estatutos redigidos por Gomes de Lima, mais uma vez nos surpreende o paralelismo com a legislação constitucional, ao defender-se, como medida cautelar, a separação dos poderes, à imagem do que era propugnado, desde logo, por Locke e depois por Montesquieu, para a organização do Estado. Segundo o Estatuto XXII, se determina que, salvo por motivos urgentes, os membros da Junta não possam acumular este cargo como qualquer um da Mesa de Colectores.

O "poder federativo" de que fala Locke, como força que une todos os homens e os torna responsáveis por uma natural relação de convivência e comunicação, poderia ser visto nos estatutos, embora noutros termos. Quer quando estes sublinham a natural igualdade entre os membros da sociedade, quer quando responsabilizam todos os membros, e em especial o secretário, pela correspondência e troca de informações, alianças e colaborações científicas.

"This, therefore, contains the power of war and peace, leagues and alliances, and all the transactions with all persons and communities without the commonwealth, and may be

---

[66] MONTESQUIEU – *De l'esprit des lois*, I, Chronologie, introduction, bibliographie par Victor Goldschmidt, Paris, Garnier-Flammarion, 1979, Première Partie, Livre VI, Chap. XI, p. 211.

[67] *Ibidem*, Livre IX, Chap. VI, max. p. 301.

[68] *Ibidem*, Livre IX, Chap. VI, max. p. 296.

called federative if any one pleases. So the thing be anderstood, I am indifferent as to the name".[69]

Tal é, na verdade, o poder do secretário, a função de Gomes de Lima, progressivamente reforçada nos Estatutos das academias por ele redigidos.

As semelhanças continuam até na escolha do Espírito Santo para Numem Tutelar da Academia. Não pode deixar de se fazer a aproximação entre a terceira pessoa da Santíssima Trindade e o Espírito Santo que passará mais tarde a tutelar também as futuras reuniões da Assembleia Constituinte portuguesa,[70] ainda que esse ritual se possa ter ido beber aos Estatutos da Academia Real de Sevilha.[71]

Estratégia 10.
Apelar a um juízo "estrangeiro"

Para coisas estranhas, ajuda o distanciamento de um olhar estrangeiro. Ver de fora é, sob muitos aspectos, ver melhor, dizendo-se essa visão mais objectiva. Gomes Lima alega frequentemente que se faz na Academia Medica somente o que é comum nas academias europeias. E é assim que, nos estatutos académicos, o "Estrangeiro", a "Europa" ou as academias "europeias" aparecem como argumentos, quer para justificar o nome da academia (Imitadores da Natureza/ Curiosos da Natureza), quer o nome e subscrição do volume da academia nacional (*Zodiaco*), quer a imposição de uma assinatura do tradutor à semelhança das *Ephemerides Germanicas* (Estatuto XXX).

---

[69] John LOCKE – [An Essay] *Concerning The true original extent and end of civil government [Segundo Tratado do Governo Civil]*, in "Great Books of the Western World, ed. Mortimer Adler, vol. 33, Chicago – Toronto, Encyclopaedia Britannica, 1994, chap. XII, 145-148, max. 146, p. 59.

[70] Cf. texto da Constituição de 1822, Texto de apresentação, Art. 53 ou Art. 78. Depois da eleição do deputado-presidente, "Imediatamente irão todos à Igreja catedral assistir a uma missa solene do Espírito Santo". Cf. também J. PECCHIO – *Cartas de Lisboa. 1822...*, trad. M. Trindade Loureiro, introd. e notas de M. L. Costa Simões, Lisboa, Livros Horizonte, 1990, p. 51: "O que mais incomoda os estrangeiros na cidade de Lisboa, é o Espírito Santo. Passeia-se noite e dia pelas ruas de Lisboa ao som de um tambor e de uma gaita de foles (....)".

[71] Cf. Marie-Hélène PIWNIK – *Echanges érudits dans la Péninsule Ibérique (1750-1767)*, Paris, Fond. C. Gulbenkian, 1987.

É óbvio que a força deste argumento pressupõe sempre um outro: o atraso de Portugal em relação ao resto da Europa.

É nesse sentido que o sábio Malphigi aparece nos textos da Academia como um espinho na cultura portuguesa. Tinha este autor afirmado a ignorância dos países que não possuíam academias científicas, ficando como exemplo de tal barbárie os Portugueses e os Russos. Ora Pedro, o Grande, tinha já criado a Academia de S. Petersburgo. O avô de D. José I de Portugal, o Imperador Leopoldo, criara precisamente a Academia dos Curiosos da Natureza. Para os Imitadores da Natureza, *cela va de soi*... faltava cumprir-se Portugal!

O português Gomes de Lima cita Malphigi em vários prólogos. A obra de Gomes Lima, *Os Estrangeiros no Lima*, constrói-se através da confrontação (Diálogo) entre o ponto de vista dos estrangeiros e o ponto de vista nacional, ainda que seja para, por vezes, se descobrir como falsa alguma superioridade do ponto de vista estrangeiro ou alguma inferioridade do ponto de vista nacional.[72] Também o espanhol Joseph Baguer, académico da mesma academia, cita o mesmo sábio Malphigi, num Discurso gratulatório de 1764.[73] Mas é sobretudo nos textos motivados pelo comentário de Francisco Bernardes de Lima, na *Gazeta Literária*, depois de noticiar a Oração inaugural com que se abriu a Conferência pública da Real Academia Cirúrgica, em 1761, que a alusão ganha alguma ênfase argumentativa.[74]

---

[72] Referimo-nos ao já citado Manuel Gomes de Lima BEZERRA – *Os Estrangeiros no Lima*, apres. José Adriano de Freitas Carvalho, ed. fac-similada da 1ª com um volume suplementar de estudos, 3 volumes, Viana do Castelo, C. M. Viana do Castelo em colab., 1992.

[73] Joseph Baguer – *Discurso Gratulatorio*, publicado em Manoel Gomes de LIMA – *Diario Universal de Medicina, Cirurgia, Pharmacia, &c.*, Lisboa, Off. Patriarcal de Francisco Luiz Ameno, 1764, p. 234.

[74] Não porque a querela seja especialmente interessante: Gomes de Lima (e o irmão António José Bezerra que vem em sua defesa) não pensa de maneira muito distinta de Francisco Bernardes de Lima, no que dizia respeito quer ao atraso do país, quer à necessidade de valorização do trabalho científico. Trata-se somente de uma diferença de grau e uma questão sobre a tradução do termo hebraico (*Chobes*) e validade dos argumentos decorrentes. Cf. Manoel Gomes de LIMA – *Oração inaugural com que se abriu a Conferencia publica da Real Academia Chirurgica do Porto no dia de S. Sebstião [sic] do anno de 1761 sendo seu Presidente Antonio Soares Brandão (...) composta e recitada pelo Director da mesma Academia...*, Porto, Off. Cap. Manoel Pedroso Coimbra, 1761, p. 21. Para além do referido texto da Gazeta Literaria (F. Bernardo de LIMA – *Gazeta Literaria ou Noticia exacta dos principaes escriptos modernos, conforme a analysis que delles fazem os melhores Criticos e Diaristas da Europa*, Porto, Off. Francisco Mendes Lima, 1761,

Não será por acaso que quase os mesmos argumentos voltem a ser esgrimidos aquando da Oração Inaugural da Academia Real das Ciências de Lisboa, redigida por Teodoro de Almeida.

"Quando la fora cazualmente aparece algum portugues de engenho mediocre, admirados se espantão como de Fenomeno raro: e como assim? (dizem) de Portugal? Do centro da ignorancia? Assim o cheguei a ouvir. E onde estão os vossos livros? Me perguntavão; onde os vossos Autores? As vossas Academias? [...]".[75]

O argumento do legislador estrangeiro que justifica a mudança das leis nacionais não é novo. Mas é sobretudo também um argumento que reencontramos na tópica da segunda metade do século XVIII, e não somente em Portugal, pela boca dos ditos "estrangeirados".[76] No resto da Europa, numa cultura cada vez mais "cosmo-polita", é também visível a importação jurídica e, com ela, a crença de que um legislador estrangeiro é um elemento desinteressado e não sujeito a coacções internas. Diderot é convidado por D. Catarina II da Rússia para redigir um texto sobre a reforma legislativa. A Convenção francesa teria colocado a hipótese de pedir a Kant a redacção de um código. A Rousseau é encomendada uma constituição para a Córsega e outra para a Polónia.

---

vol. I, pp. 285 e ss.), os textos da polémica parecem reduzir-se a mais três. 1) *Reposta ao Sabio author da Gazeta literaria sobre o extracto da Oração inaugural (...) em duas cartas, a primeira de João Antonio Bezerra e Lima (...) e a segunda de Manoel Gomes de Lima*, Lisboa, Off. Patriarcal de Fraaancisco Luiz Ameno, 1762; 2) [Leandro Moniz da TORRE, pseud.? – *Duas Cartas Uma a J^a B. L. e outra a M. G. De L. que servem de resposta ás que eles escrevêram ao Autor da Gazeta Literaria. Sobre uns reparos que este fez a alguns lugares de um papel que se imprimiu com o titulo de Oraçam inaugural, escriptas por hu Cirurgiam Portuguez assistente em Londres*, Londres, Off. Joam Johnson, 1763; 3) *Reposta ás duas cartas com que o Cirurgiam Portuguez assistente em Londres fingio responder ás outras duas que se tinham escrito ao A. da Gazetta Litteraria, sobre os reparos que este féz á Oraçam inaugural, recitado na Real Academia Cirurgica Portuense, em 20 de Janeiro de 1761 (...)* Barcelona, Off. Pablo Serrás, 1765.

[75] Sobre a polémica causada pelo texto de Teodoro de Almeida, que significativamente não chegou a ser impresso pela Academia de Ciências, cf. o nosso estudo Maria Luísa Malato BORRALHO – *Teodoro de Almeida. Entre as histórias da História e da Literatura*, Sep. "Estudos em Homenagem a João Francisco Marques", Porto, Faculdade de Letras da Universidade do Porto, 2001, pp. 219-220. Existe também na Biblioteca Geral da Universidade de Coimbra, um manuscrito sobre o texto de Teodoro de Almeida.

[76] Jean CARBONNIER – "A beau mentir qui vient de loin", in *Essais sur les Lois*, s.l., Répertoire du Notariat Defrénois, 1979, pp. 193 e ss.

Seria, de resto, em Rousseau, no *Contrato Social*, que encontraríamos a justificação histórica (ou mítica) do facto:

"C'était la coutume de la plus part des villes grecques de confier à des étrangers l'établissement [de leurs lois]. Les Républiques modernes de l'Italie imitèrent souvent cet usage; celle de Genève en fit autant et s'en trouva bien".[77]

Problema 8.
Como conciliar o Universal com o Particular?

Montesquieu talvez tenha sido um dos primeiros a redimensionar a Teoria Climática, que radica, em geral, na filosofia empirista: comprovando-se que o carácter e as paixões diferissem segundo a diversidade dos climas, então as leis deviam ser relativas, quer secundando a diferença das paixões, quer secundando a diferença dos caracteres.[78] Se ao Norte e aos climas frios correspondiam as extremidades do corpo cerradas, um carácter controlado e um temperamento mais determinado, e se ao Sul e aos climas quentes as extremidades abertas, os ânimos exaltados e a vontade frouxa, então as leis desses dois climas deviam ser mais flexíveis para os súbditos disciplinados e mais rígidas para os exaltados.

Rousseau, discípulo de Montesquieu, sabe bem que:

"Les lois, dans la signification la plus étendue, sont les rapports nécessaires qui dérivent de la nature des choses ; et dans ce sens, tous les êtres ont leurs lois, la divinité a ses lois, le monde matériel a ses lois, les intelligences supérieures à l'homme ont leurs lois, les bêtes ont leurs lois, l'homme a ses lois». Mas também «Combien les hommes sont différents dans les divers climats» e que «s'il est vrai que le caractère de l'esprit et les passions du cœur soient extrêmement différents dans les divers climats, les lois doi-

---

[77] J.-J. ROUSSEAU – *Du Contrat Social*, II, 7, Paris, ed. de la Pléiade, t. III, p. 382.

[78] MONTESQUIEU – *De L'Esprit des Lois*, I, Chronologie, introduction, bibliographie par Victor Goldschmidt, Paris, Garnier-Flammarion, 1979, 3.ème Partie, Livre Quatorzième. Des Lois dans le rapport qu'elles ont avec la nature du Climat, Chap. Premier, Idée Générale.

vent être relatives et à la différence de ces passions, et à la différence de ces caractères".[79]

Com efeito, antes de redigir a Constituição da Córsega, Rousseau documentou-se sobre a ilha, procurando reunir os dados que lhe permitiriam sentir o local. Chegará mesmo a redigir um questionário, que enviou ao correspondente Matthieu Buttafoco, para recolher as informações sobre a história natural, a economia, os costumes, [...] o clima da ilha.[80]

Há, no entanto, latente uma certa ambiguidade. A Lei, apresentada inicialmente como um reflexo do clima, torna-se, na prática, um contraponto da natureza que decorre desse clima. No caso da França, concebida como um espaço de equilíbrio entre o Norte e o Sul, o equilíbrio da Lei decorre naturalmente do equilíbrio do carácter. Mas já no caso da Itália e dos países do Sul, das Índias americanas ou do Oriente, parece justificar-se para Montesquieu uma legislação que contrarie, em nome da ordem e do progresso, uma filosofia de vida "natural", que valoriza o amor, como o ciúme, o gozo dos sentidos como a indolência da vontade:

"Comme une bonne éducation est plus nécessaire aux enfants qu'à ceux dont l'esprit est dans sa maturité, de même les peuples de ces climats ont plus besoin d'un législateur sage que les peuples du nôtre".[81]

Esse legislador mais sábio, menos conformado pelo clima do que aqueles para quem legisla, só parece poder vir de fora.

Mas como entender então a lei natural, dividida entre o seu cosmopolitismo universal e a sua especificidade local, entre um racionalismo que uniformiza e um empirismo que individualiza?

Frey Antonio Joseph Rodrigues enviará a Gomes de Lima uma interessante memória, em que concluiu:

---

[79] MONTESQUIEU – *De l'esprit des lois, I,* Troisième Partie, Livre XIV, Chap. Premier, p. 373.

[80] Cf. J. J. ROUSSEAU – «Considérations sur le gouvernement de la Pologne et sa réformation projetée» e «Projet de Constitution pour la Corse», editadas com introd. de Sven Stelling-Michaud, in *Œuvres*, Pléiade, cit. por Jean CARBONNIER – *Essais sur les lois*, s.l., Répertoire du Notariat defrénois, 1979, p. 199.

[81] MONTESQUIEU – *De l'esprit des lois, I*, Troisième Partie, Livre XIV, Chap. III.

"Á proporción que un país se contraria á otro en los ambientes, en los efluvios, en las intemperies, en el genero de vientos, no tiene dudo sino que la naturaleza sana, y enferma se varia".[82]

Na Literatura, mas também na Medicina e no Direito, a Filosofia Natural parece levar a Lei a questionar-se. A boa e a má literatura, a saúde e a doença, a boa e a má lei, são afinal variantes de uma única questão: sendo a lei natural uma observação da repetição na experiência, até que ponto pode ela ser geral, se todos, e cada um, têm uma natureza diferente?

Jogo de espelhos que tornará complexa a percepção da lei. Paixão pelo pormenor regulamentarista, codificação, fraternidade aristocrática, ficção utópica, grafofilia legalista ou adopção da autoridade estrangeira, um ideal de liberdade que tem como outra face a censura ou a delimitação dessa mesma liberdade, são tópicos de uma cosmovisão una, iluminista, de pendor liberal, que se torna evidente na instituição académica, talvez antes de em qualquer outra instituição.

Por isso, a Academia é, do ponto de vista jurídico e do ponto de vista cultural, uma ilha flutuante onde se vai preparando a Revolução, sem os perigos dela.

Ou, pelo menos, sem todos os perigos dela.

---

[82] "Memoria de Dr. Frei Antonio Joseph Rodrigues, Academico Erudito do Circulo Cesar-Augustano" in Manoel Gomes de LIMA – *Diario Universal de Medicina, Cirurgia, Pharmacia &c., Março de 1764*, Lisboa, Off. Patriarcal de Francisco Luiz Ameno, 1764, pp. 400-401.

Táctica III – A Utopia. Porque as coisas são como são: mutáveis

O espírito utópico nas academias portuguesas

A Utopia existe desde o princípio do Mundo. No Paraíso dado e perdido, no primordial reino de Saturno. Mas também em todo o fim do Mundo, no final dos tempos, confundindo-se então com a eternidade: o Apocalipse, para além da descrição do fim dos tempos, é a recuperação do Paraíso do Génesis. A Utopia mistura-se com a ordem perfeita do passado (num género como a écloga ou a elegia), do futuro (tanto na profecia como no determinismo científico), e também do presente (na "constituição" ou descrição do ser como dever-ser).

A Academia toma conta do tempo, de todos os tempos: estende-se tentacularmente, legitimando-se com argumentos do passado, do futuro e do presente. Mistura-se com ordem perfeita do passado (num género como a écloga ou a elegia), do futuro (na profecia como no determinismo científico), e também do presente (na "constituição" ou descrição do ser como dever-ser).

Pela intersecção do semelhante, a Academia é, talvez, sob a maior parte dos aspectos, uma doce e perigosa Utopia.

Estratégia 11.
Proteger o Jardim da Praça Pública

A primeira Academia, criada por Platão, por volta de 386 a.C., depois da sua viagem à Sicília, parece ter marcado todas as outras. Platão, discípulo de Sócrates – mas distante já do seu mestre a ponto de não se negar à escrita – é o filósofo que, saído da caverna, vê a luz. A sua luz. Mas, porque a vê, tem a obrigação de regressar ao ponto de partida, Atenas, essa caverna onde os homens continuam a tomar as sombras por reais. Pensa no mestre, frequentador da ágora, dos simpósios: sabe que os observadores podem ser traiçoeiros e que a última taça a erguer pode ser a de cicuta. Os jardins de Academos, onde disserta, não são a ágora: mas ficam nos arredores da cidade. É preciso um esforço, mas é esse pequeno esforço de deslocação que distingue os observadores dos cúmplices. A amenidade do espaço aberto é a do caminho por fazer, em conjunto, com os que partilham as mesmas suspeitas e poucas certezas: o amor desinteressado à filosofia, a decifração do universo, numa terra fronteiriça – da *polis* mas não na *polis*. O pitagorismo, embora lateralmente, parece estar presente em alguns discípulos de Platão e visa ainda descobrir a ordem que subjaz a todas as ideias estéticas, científicas ou morais. O sucessor de Platão, o seu sobrinho, Espeusipo (tal como depois Galileu, Kepler, Newton, e muitos outros) defendia já que, na origem das coisas, estavam os números, e não as ideias.

A primeira academia da idade moderna, a Academia Florentina, tem muito de semelhante à primeira. Conta-se que Cosme de Médicis, em 1462, cerca de vinte anos depois de ter ouvido dissertar o filósofo grego Jorge Gemisto sobre os mistérios gregos e a superioridade da filosofia de Platão sobre a de Aristóteles, confiou a Marcelo Ficino a fundação de uma academia, nos moldes enunciados por Platão. Para isso contribuiria a consulta e tradução dos manuscritos de Platão e Plotino que entretanto conseguira recolher, colocando à disposição dos neófitos uma propriedade dos Médicis em Careggi (e aqui temos novamente o jardim), nos arredores pouco buliçosos de Roma. Cosme era o novo Academos.

Apesar da Academia ter declinado logo após a morte de Ficino, em 1499, e de ter sido extinta, em 1522, depois de vários dos seus membros terem sido implicados numa conjura política contra o Cardeal Júlio de Médicis, a semente para as restantes academias estava lançada. Com uma idêntica lição para os intelectuais: o jardim é, ainda, e por vezes, um lugar fronteiriço. Fora da *pólis* mas querendo influenciá-la, a academia está ainda sob a alçada do poder. Borboleteia à sua volta, correndo sempre o perigo de voluntária ou inadvertidamente lhe tocar e morrer queimada.

Escreve António Ferreira a Sá de Miranda, tomando-o como símbolo dos académicos humanistas:

> "Levantas sobre Reis e Emperadores,
> Ao som da lira doce, e grave, e branda,
> A humildade inocente dos Pastores.
> [...] Nem ao Rei, nem ao Povo lisongeiro,
> Nem odioso ao Rei, nem leve ao Povo,
> Nem contigo inconstante ou traiçoeiro [...]."

Bem frágil é tal lugar: o fio da navalha. Posição de classe, a de uma nobreza das letras, que reivindica esse fio da navalha da aristocracia medieval. Ainda no século XIX, o Marquês de Fronteira esboçará uma generalização crítica relativamente à realeza quando o conselheiro Dietz, que havia educado a el-rei D. Femando e a todos os seus filhos, é afastado da corte, por intrigas do barão de Rendufe. Não teria encontrado em Suas Majestades o mínimo sinal de comiseração, reconhecimento, e "saudade pelo mestre e fiel servidor", nunca mais ouviria proferir o nome do preceptor:

> "Nada descobri e confirmei-me na ideia, que tinha havia muito, de que o modo de sentir nos Príncipes é diferente do da outra gente".[83]

Um seu ilustre contemporâneo, o Conde de Lavradio, é até mais contundente: "Se os aplausos públicos algum prazer me causaram, dei-lhes contudo imediatamente o seu justo valor, pondo-os a par dos que havia recebido no Paço. Nada há tão parecido com os Reis como a populaça: não sei decidir quais excedem no artigo *ingratidão*! Falo por experiência própria".[84]

Internamente, a academia institui-se como modelo social de Grau O, ponto de equilíbrio entre tensões e conflitos: ela é representada pela esfera, perfeição não hierarquizada. Na academia, os mestres são os livros. Os homens que os procuram,

---

[83] *Memórias, cit.*, Parte VII, vol. IV, p. 250.

[84] D. Francisco de Almeida PORTUGAL – *Memórias do Conde do Lavradio, D. Francisco de Almeida Portugal*, comentadas pelo Marquês do Lavradio, D. José de Almeida Correia de Sá, revistas e coordenadas por Ernesto de Campos de Andrada, Coimbra, Imprensa da Universidade, 1932, Parte I, vol. I, p. 165.

esses, tornam-se membros fraternos, iguais entre si. Busca-se a unidade de todas as coisas, a forma que une as ideias, o mundo dos conceitos. O pitagorismo actualiza-se: na idade moderna, torna-se uma alquimia do mundo, pressupondo igualmente a inter-relação, não só simbólica como também racional, matemática, entre todas as partes constitutivas do universo, e entre o sujeito e o universo por ele manuseado. Não estamos, por isso, perante sociedades científicas, no sentido em que hoje as podemos entender. Dentro do espírito platônico,[85] a perfeição moral sobrepunha-se, enquadrava todas as outras, incluindo a perfeição do conhecimento.

Quando o fenómeno do academismo chega a Portugal, já a academia, em Itália ou em muitos países da Europa, se encontrava em mutação: tornara-se, até pela abundância de membros, cada vez mais especializada. Surgiam as primeiras academias científicas, mais próximas do sentido actual do termo. As literárias ficavam, assim, quase só literárias. A própria Academia Florentina tinha sido recuperada, em 1540, acentuando-se um pendor literário que os mecenas julgavam, sem dúvida, politicamente mais inócuo.

Talvez não tão inócuo, apesar de tudo. Pouco sabemos sobre os membros e actividades da Academia dos Singulares de 1628, a primeira academia portuguesa decalcada do molde italiano.[86] Teria até havido duas ou três com o mesmo nome, ao longo do século XVII. Mas, até em Portugal, e tão perto de uma corte que parece monopolizar a ribalta cultural, a academia parece querer definir-se como um espaço à parte. No prólogo que antecede o volume das composições duma Academia dos Singulares, publicado em 1692, os académicos orgulhavam-se aparentemente da diversidade social dos seus membros e da dignidade que o estudo lhes tinha conferido.

---

[85] Cf. sobre as relações entre academismo e platonismo um estudo basilar como o de Frances YATES, "Las academias italianas", in *Ensayos Reunidos II*, Mexico, Fondo de Cultura Económica 1991.

[86] Cf. o testemunho de Francisco Manuel de Melo em *A Visita das Fontes* e *Apólogos Dialogais*, referido também no nosso estudo sobre "Academias", in *Biblos*, Lisboa/ S. Paulo, Verbo, 1995, vol. I, max. col. 35.

"Antes (ó Leytor) se deres lugar á cõsideração, acharás que os mayores engenhos apenas nascerão grandes com o estudo, & com o trabalho se fizerão maximos".[87]

Mesmo uma academia como a dos Generosos (1647-1667), de pendor claramente mais aristocrático, coloca em discussão temas como "Porque merecem mais o título de generosos os indivíduos que constituem a Academia dos Generosos: pelo ilustre sangue que de seus progenitores herdaram, ou pelas ilustres virtudes em que sempre se exercitaram?"[88]

Qualquer que fosse a resposta, sempre se incentivava questionar os valores em que assentava uma sociedade tão perfeita quanto a académica. E também, por pertinência opositiva, aqueles em que assentava uma sociedade tão imperfeita como a não académica, a do mundo (lá fora).

Estratégia 12.
Não esquecer que o Real é Inventável

Passar da existência real a esta existência ideal, utópica, é um processo de aprendizagem, com óbvios rituais de iniciação. É neste contexto que, como vimos já, os estatutos académicos, nem sempre previamente estabelecidos ou sequer passados a papel, se tornam um interessante material de análise. Os Estatutos, como a Constituição (talvez até como a lei jurídica ou a lei científica em geral) têm em si os três tempos da utopia: o tempo do passado (que aparece como legitimador, como tese ou causa, geralmente em preâmbulo), o tempo do presente (que se confunde com o "ser" e a sua descrição), e o tempo do futuro (com mais evidentes marcas de utopemas), em que se conforma o "ser" a partir da sua perfeição ou totalidade: o "dever ser".

Acrescentemos o exemplo de um dos mais interessantes estatutos das nossas academias, a da Arcádia Lusitana.[89] Têm elas

---

[87] *Academias dos Singulares de Lisboa dedicadas a Apollo*. Primeira Parte., Lisboa, Off. Manoel Lopes Ferreyra, 1692, Prólogo.

[88] BGUC, Ms. 114, fl. 128.

[89] Servimo-nos da edição dos Estatutos que se encontra em apêndice à obra de Correia Garção, organizada e anotada por José António Saraiva (Correia GARÇÃO, *Obras Completas*, 2 vols., 2ª ed., Lisboa, Liv. Sá da Costa, 1982, vol. II: Prosas e Teatro, pp. 231-247), tendo

o interesse de, apesar de manterem o articulado legal, se aproximarem claramente do *récit*, da narrativa ficcional.

Com efeito, depois de elaborar algumas considerações sobre a viagem e a academia – considerados, pelo autor, os dois modos mais proveitosos para aumentar o conhecimento –, o projecto desta academia lança-se na criação de uma Alegoria, estabelecendo uma série de correspondências espaciais e funcionais. Tomando a nova academia o nome de Arcádia, chamar-se-ia *Monte Ménalo* ao local das suas conferências (na realidade, quase sempre, o Convento das Necessidades dos Oratorianos) e Pastores aos académicos. Os Estatutos fazem-no desde o primeiro capítulo, e o termo "capítulo" usado no próprio texto, é, sem dúvida, do ponto de vista da ficção utópica, mais interessante que os mais habituais "parágrafos", "títulos" ou "artigos".

> "Chamar-se-á a esta nova academia – ARCÁDIA – e o lugar das suas conferências o Monte Ménalo, bastantemente celebrado das frautas dos Pastores. Os seus alunos se fingirão de Árcades, e escolherá cada um nome e sobrenome de pastor adequado a esta ficção, para por ele ser conhecido e nomeado em todos os exercícios e funções da Arcádia.
> Um meio braço pegando em um podão com a epígrafe – Inutilia truncat – será a empresa da Arcádia; por ser este o instrumento com que os agricultores cortam das árvores os ramos secos e viciosos".[90]

A mudança da toponímia e do nome do poeta é, no texto, um ritual extremamente valorizado. Tal como um iniciado que pelo novo baptismo acede a uma vida nova e sem pecado, o académico deve associar o novo nome de pastor a uma cortesia e amabilidade social. Perde os pergaminhos ou a vulgaridade do seu nome, para aparecer diante dos mais despojado de outros bens que não sejam os do conhecimento. Exige-se uma escolha pessoal de nome e sobrenome, "adequado a esta ficção", para por ele ser conhecido e sem excepção nomeado, enquanto durassem os exercícios e funções da academia (Cap. I), para logo se não

---

esta sido retirada da obra de Teófilo Braga, *A Arcádia Lusitana*, também recentemente reeditada.

[90] *Op. cit.*, Estatutos da Arcádia Lusitana, Capítulos I e II.

admitir, ...nas horas da Conferência, "argumento algum ou palavra picante, como também nos escritos" (Cap. IV).

O mesmo capítulo IV estabelece "a instrução e o verdadeiro gosto da Poesia" como os fins últimos da Arcádia. Como base, não está a relação do Mestre com o Discípulo, muito menos a tirania do Mestre e a do Escravo, teorizada por Hegel. Mas sim "a união dos seus sócios", querendo, segundo o capítulo V, a Arcádia mostrar a igualdade e justiça com que procede com todos os seus pastores. Partido deste pressuposto e daquele fim último, existem cinco longos capítulos que estabelecem as regras da crítica (decisões por maioria de votos, escrutínio das funções pela sorte, requesto de dois censores, justificação do voto, etc.). Seguem-se-lhe outros quatro (do capítulo X ao XIV) que regulamentam a transparência das relações entre os académicos e a opacidade da comunicação com o exterior. Quanto à língua, embora se incentive a portuguesa, deixa-se ao critério do árcade a escolha entre o português, o latim, o francês, o italiano e o espanhol (a ordem é a do texto, havendo sem dúvida aqui uma gradação valorizadora, que incentivava o contacto com o francês, a língua dos filósofos "iluminados").

Mas, tal como na *Utopia* de Morus, a península facilmente se transforma numa ilha, pedindo-se sigilo sobre as decisões, impedindo-se a livre circulação dos documentos para lá do espaço académico, ritualizando-se o uso da divisa, exigindo-se a assiduidade. Paralelamente, o sócio pode exigir a todo o tempo, e com todo o direito, cópias, ou originais de documentos em apreciação, devendo sempre ser apresentadas em papel as composições poéticas ou as censuras.

Como na *Utopia* de Morus, a existência é benigna para quem aceita as regras:

> "Poder-se-ão eleger para membros desta sociedade todos os sujeitos que parecerem capazes de a ilustrar (...), só se olhará para o mérito pessoal, sem atender a outras circunstâncias que costumam servir de reparo a alguns contemplativos que ignoram o preço e estimação que se deve à virtude".[91]

---

[91] *Ibid*, Cap. XV.

Mas é eliminado sem remissão todo aquele que infringir as regras, "não somente excluindo-o do número dos seus Árcades o que não [as] observar, mas até riscando dos seus livros todas as composições do Árcade".[92]

Estratégia 13.
Não esquecer que o Profano é Sacralizável

Se o académico se define pessoalmente como um discípulo, define com frequência o Poeta como um vate, um intermediário entre os deuses e os homens. Gosta de citar Homero, que dizia serem os Poetas semelhantes aos Deuses na voz, no *mythos*; ou Cícero, que os tinha como dádivas dos Deuses para nossa doutrina; ou Ovídio que os definia pelo furor divino. Apolo é o deus da Poesia e dos Oráculos. E o Poeta é, singularmente, um profeta. Um profeta muitas vezes da nova Idade do Oiro.

> "Queimando o véu dos séculos futuros/ O vate, aceso em divinais luzeiros,/ Assim cantou (e aos ecos pregoeiros/ Exaltaram, Sião, teus sacros muros)./O Justo descerá dos astros puros/ Em deleitosos, cândidos chuveiros,/ As feras dormirão com os cordeiros,/ Soarão doce mel carvalhos duros;/ A Virgem será mãe; vós dareis flores,/ Brenhas intonsas, em remotos dias;/ Porás fim, torva guerra, a teus horrores."/ Não, não sonhou o altíssono Isaías;/ Oh Reis, ajoelhai, correi, Pastores!/ Eis a prole do Eterno, eis o Messias!"[93]

O símbolo, ao contrário do signo (que pode ser visto como resultado de uma relação convencional e imotivada), estabelece entre os sentidos e as coisas uma relação insubstituível: uma coisa só pode ter um sentido, que é simultaneamente claro para o codificador e oculto para o leitor. A leitura da profecia (e da poesia) assenta, tal como a utopia, no conhecimento de uma totalidade. Mas, em princípio, não uma totalidade adquirida pela experiência ou pelo estudo: a possibilidade da profecia é invariavelmente legitimada pela revelação. Daí a necessidade de estar atento a

---
[92] *Ibid*, Cap. XX.
[93] Bocage, *Obras de...*, Porto, Lello & Irmão, s.d., p. 371, "Aludindo à Profecia de Isaías nos capítulos VII e XI, etc.".

sinais, a indícios, prenúncios. Estes revelaram sempre uma totalidade não humana, e por isso, dificilmente se poderá separar o sagrado do profano. "A Deus o que é de Deus e a César o que é de César" é um preceito difícil de interpretar quando o sagrado toma conta do profano: "voz do Povo, voz de Deus".

"Contentes correi,/ Pastores da Aldeia,/ E vinde adorar/ O Rei da Judeia. (...)/ Já foge do Mundo/ A calamidade,/ Principia agora/ Outra nova idade./ Já não temerá / O novo rebanho,/ Avistando o lobo/ Com tremor estranho./ Os feros leões,/ Sempre carniceiros/ Andarão brincando/ C'os mansos cordeiros".[94]

Na história de Portugal, como na do resto do mundo, a Profecia não é somente fruto de uma voz anónima e humilde. Mostra-se muitas vezes compatível quer com a formação erudita e científica, quer com a poesia. Pode ser um género religioso, mas também literário e político. E tanto se pode sacralizar o profano em nome da Liberdade como em nome da Tirania, até porque frequentemente um Tirano se cognomina Libertador.

O Sebastianismo ou a profecia de uma nova Idade do Ouro serve para justificar a Restauração da Coroa portuguesa em 1640. E tal ligação pode ser testemunhada não só pela difusão das trovas de Bandarra, mas sobretudo por textos como a *História do Futuro*, de um Pe. António Vieira. Manuel Boccarro Francês, autor das proféticas *Anacephaleoses da Monarchia Lusitana* (Lisboa, Antonio Alvares, 1624) ou da *Luz pequena lunar e estellifera da Monarchia Lusitana, explicação do primeiro Anacephaleoses impressa em Lisboa, 1624*, é um atento observador do movimento dos astros, discípulo de Kepler, amigo de Galileu, tido em toda a Europa por homem sábio, devendo à sua erudição o título de Conde Palatino, que lhe foi dado pelo Imperador da Áustria.[95]

O despotismo do Marquês de Pombal, ele próprio Sebastião (de Carvalho e Melo), constrói frequentemente, – sobretudo na

---

[94] Domingos dos Reis Quita, *Obras Poéticas*, Lx., Typ. Rollandiana, 1781, t. I, "Écloga III", pp. 58-60.

[95] Sobre a obra científica de Manuel Boccarro, vide o *Diccionario Bibliographico*, vol. V, pp. 377-378, e o estudo de António Alberto de ANDRADE, *Antes de Vernei nascer...*, Sep. "Brotéria. Revista Contemporânea de cultura", Abril, 1943, max. pp. 368-369. Cf. "Profecias do Dr. Buccarro Francês...", em *Miscelânea*, Ms. 612/nº 626, da BPMP.

iconografia e no urbanismo mas também em textos do regime, como a *Dedução Chronologica* – uma estratégia argumentativa de raiz utópica, como sejam a Idade de Ouro ou a civilização das Luzes.[96]

A guerra da independência dos Estados Unidos é frequentemente, de uma maneira mais ou menos velada,[97] pretexto para uma exaltação dos valores da Razão, da Liberdade, da Nova Idade, misturando-se, naquela "terra prometida" a independência do antigo colono com a inocência dos bons selvagens. Mais tarde, nos anos que se seguem à partida da Rainha e do Príncipe Regente D. João para o Brasil, aparecem estranhos ovos, com vivas a El-Rei D. Sebastião, e pequenos terramotos, sementes de Utopia.

Em Mafra, um almoxarife vai escrevendo no seu diário:

"Março 9. Apareceo em Lisboa um ovo q. tinha vizivelmente as letras V.D.S.R.P. e fazendo-se experiencia, não se pôde igualar. Correo isto mas não creio. Abril 6. Nomeouse Junot duque de Abrantes. Tremeo a terra levemente".[98]

Encontrámos também um soneto que faz referência ao mesmo ovo, ou a outro muito semelhante. E o seu autor comenta:

---

[96] O terramoto, por exemplo, é assunto tanto de muitas textos proféticos como de textos "iluministas". Em ambos se torna pretexto para a utopia. Nos sermões de Malagrida, nos textos da *Dedução*, no célebre poema de Voltaire sobre o terramoto, ou no quase desconhecido texto de Fr. Antonio de S. JOZE (*Discurso moral sobre os temores que causou o terramoto na gente de Lisboa...*, Lisboa, Off. Joseph da Costa Coimbra, 1756), nas reflexões do P.e Teodoro de Almeida, nas do herético Cavaleiro de Oliveira ou nas quadras da literatura de cordel (Eduardo Mayone Dias, "O Terramoto de 1755 numa colectânea de literatura de cordel" in AA. VV. – *Pombal Revisitado. Comunicações ao Colóquio Internacional organizado pela Comissão das Comemorações do 2º Centenário da Morte do Marquês de Pombal,* coord. M. Helena Carvalho dos Santos, 2 vols., Lisboa, Ed. Estampa, 1984, vol. II, pp. 177 e ss.), sucedem-se as tentativas de interpretação providencial do acontecimento, anunciando o Armagedão ou a nova idade dourada. Isto é, mesmo venerando a Razão, todas vivem de uma ordem cósmica que é moral e não puramente científica. Mais "científica", mas talvez menos "iluminista" não parece ser aquela observação de Gil Vicente que, no século XVI, via o terramoto de 1531 como um "curso natural"...

[97] A este propósito, é imprescindível a leitura do estudo de Luís A. De Oliveira RAMOS – "Repercussões em Portugal da Independência dos Estados Unidos", in *Da Ilustração ao Liberalismo. Temas Históricos,* Porto, Lello & Irmão, 1979, pp. 55 e ss., max., pp. 75-76 e 79, com dados económicos, sociais e culturais que comprovam a ambiguidade conotativa de tal assunto em Portugal, velho aliado de Inglaterra.

[98] Para todos é óbvio como as iniciais se lêem: "Viva D. Sebastião, Rei de Portugal". Sobre este ovo sebastianista, *cf.* Ms. de Eusébio Gomes, citado por Raul BRANDÃO – *El-Rei Junot,* Coimbra, Atlântida Editora, 1974, pp. 170-171.

"Tem cada letra hum ponto, e quem diria,
Que até huma galinha, e pelo rabo
Deita sem se sentir Ortografia".[99]

De qualquer forma, a linguagem significativa é metafórica: um ovo não é um ovo. E o tremor de terra não é um tremor de terra. Quem poderia censurar estes textos? O que quer este sebastianismo dizer? Que Rei querem eles que volte: D. Sebastião, D. João VI (que estava no Brasil)? Ou um Rei Novo, constitucional? Ao longo da segunda década do século XIX, continuando o rei no Brasil, poetas e políticos como Moniz Pato defenderão abertamente o Sebastianismo como estratégia argumentativa das ideias liberais.[100] Ao longo do século XIX, o Iberismo de algumas propostas políticas não se apresenta de forma nenhuma isento de utopemas.[101] O mesmo acontecendo, afinal, com o Liberalismo, definido por Herculano como "a filha primogénita do Evangelho".[102]

Assim, perante o determinismo da História, o ponto de vista do Historiador não se diferencia muito do do Profeta, aquele que analisa os indícios e lê os sinais.

Aos que, folheando tais documentos, duvidarem do seu conteúdo utópico, esperará, aliás, um título surpreendente: o da Colecção de *Vaticinios com o Discurso do Anonimo Utopiense que trata da Filosofia do Encuberto, ou da izistencia futura do Quinto Imperio, e seu primeiro fundador El Rei D. Sebastião vulgarmente conhecido com o nome de Encuberto. Accrescentada com algumas notas ou addicoens e enterpretaçoens de varios Vaticinios, em que se calcula a sua vinda proxima*, Braga, Anno de 1828.[103] Nem sempre se vêem tão claramente próximas a Utopia e a Profecia, a Filosofia e o Cálculo.

---

[99] *Colecção de Poesias*, Ms. 1:520 da Biblioteca Pública Municipal do Porto.

[100] Sobre o Sebastianismo no Brasil, a sua relação com movimentos de revolta e os traços que deixou na Literatura popular, Albert-Alain BOURDON – *Messianisme sébastianiste et messianisme révolutionnaire au Brésil: le mouvement de la Pedra Bonita dans l'histoire de la littérature du Nordeste*, s.l., s.n., 1979.

[101] Cf. Maria da Conceição Coelho Meireles PEREIRA – *A questão ibérica: imprensa e opinião (1850-1870)*, dissertação em História apresentada à FLUP, Porto, 1995.

[102] *Opúsculos*, III, citado e analisado por Luis A. de Oliveira RAMOS – "Herculano, o Liberalismo, a Democracia e o Socialismo", in *Da Ilustração ao Liberalismo. Temas Históricos*, Porto, Lello & Irmão, 1979, max., p. 189.

[103] ADB/U.M., Ms. 597, sublinhado nosso.

Estratégia 14.
Não esquecer que o Futuro é também uma Saudade

As insígnias (ou empresas) das Academias valem muitas vezes por mil palavras. A da Academia dos Singulares (com a representação do sol e das pirâmides de autores canónicos) é, por si só, um programa doutrinário sintomaticamente dominado por um verso de Horácio:

"Solaque non possunt haec monumenta mori".[104]

É importante para o espírito utópico da academia a crença na imortalidade da Poesia. A Imortalidade é naturalmente a Fama. Mas é sobretudo o desejo utópico de vencer a morte, o tempo, a História e tudo o que ela esquece ou corrompe. O Templo da Fama ou da Virtude, ou da Memória são motivos recorrentes dos poetas arcádicos que reconstroem neles um espaço sagrado, inviolável e inacessível. Situam-no frequentemente numa ilha, a de Gnido, mas somente porque assim fazem referência a uma utopia: o da ilha de Vénus, o da ilha do Amor (ou dos Amores).

João da Costa Cáceres, em 1663, começa em uma das sessões académicas precisamente com uma alegoria utópica, a do "Palácio Delphico". O poeta, desiludido com a sua pátria, ter-se-ia afastado dos seus e, tomado por peregrino, depois de noite longa e tormentosa, vem a descobrir um luminoso palácio, o de Apolo. Acolhe-o uma donzela, a Matemática, e cada sala que visita é um preceito de iniciação: na sala seguinte, de não inferior ornato, encontra nova Donzela, a Filosofia. É a que precede a sala do trono, onde encontra Apolo e as musas:

"[Os Poetas] Hão de ter unida ao génio a sciencia da Mathematica, forçosamente necessaria para a Poesia, pois hão de ser os versos ponderosos e medidos (...). Hão de ser peritos na Filosofia natural para com acerto discorrerem na entidade das cousas, & igualmente na moral (...)".[105]

---

[104] O Presidente da Academia, o P.e João Ayres de Moraes, relacionará a academia com Sócrates e com os versos horacianos na oração de abertura da segunda sessão, a 4 de Novembro de 1663 (*Academia dos Singulares*, p. 20). A oração terceira, de Luis Bulhão remete directamente para a academia de Platão, concluindo que através da academia se intensifica o estudo e se adquire a consequente fama e imortalidade (*Ibidem*, p. 34).

[105] *Ibidem*, pp. 47-52.

Só através deste acesso à totalidade se terá acesso a um mundo perfeito, somente conhecido dos heróis e dos deuses: uma Idade do Ouro em que as palavras deixam de ter um significado oculto e a aparência das coisas coincide com a sua essência. O *locus amoenus* que o Poeta descreve nem sempre é o da serenidade da natureza, mas é quase sempre o da serenidade do Filósofo que compreende os ritmos das estações do ano, e sabe que depois de cada Inverno se seguirá uma Primavera. O presente remete para um Paraíso Perdido e, de certo modo, para uma Eternidade emanente:

> "Quanto feliz não foi aquela idade,/ Em que os primeiros homens inocentes/ Viviam satisfeitos e contentes,/ Entre os braços da paz e da amizade!/ Amando mais a doce liberdade/ Que falsos bens, grandezas aparentes,/ Eram todos iguais, independentes,/ Sem meu, nem teu, nem muros, nem cidade".[106]

O Poeta torna-se por isso um Filósofo, que observa e compreende o mundo com o olhar. O Pastor encontra-se próximo da Natureza e, ainda mais do que o Agricultor (que planta, colhe, poda, enxerta),[107] molda-se passivamente a ela, deixando que ela siga o seu curso. Guia e protege o rebanho, mas deixa-o frequentemente em liberdade para que a natureza cumpra os seus ritmos. É sábio, porque observa e não age. Tomando como modelo as

---

[106] Catarina de Lencastre, Colecção 5ª/ das/ Poesias escolhidas/ da / Ex.ma Viscondessa/ de / Balsemão D. Catherina/ Pelo / Rev.do P.e Joze Antonio/ Gaspar da Silva/ Cap*elão fidelissimo* da me*sma Senho*ra, Ms., s.l.s.d.. p. 51, documento transcrito na edição crítica, vol. II, do nosso estudo, M. Luísa Malato R. BORRALHO – *D. Catarina de Lencastre (1749-1824)*, dissertação de doutoramento em Literatura Comparada, Faculdade de Letras da Universidade do Porto, Porto, 1999, tomo II.

[107] Na ilha da Utopia, de Tomás More, o único ofício a que nenhum utopiano se pode furtar, independentemente do sexo e da condição, é a agricultura. *O fortunatos nimium, sua si bona norint,/agricolas!*, dirá Virgílio (*Georgicon*, II, 458-492, 538-540). Tal como Horácio, no Épodo II (*Beatus ille qui procul negotiis,/ ut prisca gens mortalium/ paterna rura bobus exercet suis,/ solutus omni fenore*, ou a tradução de Pope *(Happy the man, whose wish and care/ A few paternal acres bound)*, tantas vezes lidos e reformulados pelos poetas arcádicos. A tudo isto não serão estranhas as políticas fisiocráticas das Academias, desde logo da Academia das Ciências, de Lisboa, mas sobretudo das instituições criadas à imagem das Reales Sociedades Económicas de Amigos del País, em Espanha (como a Sociedade Económica de Amigos do Bem Público, de Ponte de Lima (1779) ou a Academia Tubuciana, em Abrantes (1802)). Cf. Sobre o assunto, veja-se Gérard DUFOUR, *Utopie et Ilustración: El Evangelio en triunfo de Pablo de Olavide*, in "Les Utopies dans le monde hispanique. Colloque franco-espagnol", Madrid, Casa Velázquez/ Universidad Complutense, 1990, pp. 73 e ss.

éclogas de Virgílio, a Academia torna-se uma representação da Arcádia, em que os académicos, perante a natureza e a sociedade, são pastores (porque fisicamente ociosos e mentalmente activos), exercitando-se naquela poesia primordial que era a bucólica. Que cantariam os primeiros homens?

"Cantariam pois os seus rebanhos, os montes e os vales em que os apascentavam, os rios e fontes a que os levavam a beber, a alva e serena madrugada que os chamava ao trabalho, a sesta que os convidava ao descanso, e os rafeiros que lhes guardavam o gado. Cantariam, como era natural, as paixões e afectos da sua alma; porém não afectos violentos e desesperados, que não eram próprios daquela vida, mas doces e suaves, e que só lhe causavam aquela inquietação e desassossego a que se não pudesse seguir fim algum funesto".[108]

Por vezes, para o Poeta das academias, essa Idade de Ouro (feita de serenidade e conhecimento da natureza das coisas) encontra-se (de uma forma elegíaca) num passado remoto, mítico, coincidente por vezes com a imagem que guarda da Antiguidade greco-latina. Nem sempre, porém, a vamos encontrar aí. Por vezes projecta essa Idade de Ouro no futuro, encontrando, no Mecenas ou no Rei, um Pastor arcádico. Esta relação (que se encontrava já nos versos de Virgílio e Horácio associadas à figura de Augusto ou às profecias da época de um "rex a coelo")[109] corresponderá, sobretudo ao longo do século XVIII, à imagem de um monarca iluminado: sábio nas suas decisões, simultaneamente enérgico na defesa do seu rebanho (os súbditos), e um observador da sua natural liberdade.

Sob certos aspectos do simbólico, o Agricultor está para o Pastor como o Filósofo para o Político. A presença da agricultura (proximidade e reciprocidade da Natureza) na poesia arcádica, serve igualmente para valorizar a acção política não despótica mas que deriva de uma reciprocidade entre rei e súbditos. Mas o Rei é por vezes denominado o Bom Pastor, expressão suficiente-

---

[108] Joaquim de FOYOS, *Memoria sobre a Poesia Bucolica dos Poetas Portugueses*, in "Memorias da Academia Real das Sciencias de Lisboa, Lisboa, Typ. Da Academia, 1797, tomo I (desde 1780 até 1788), p. 391.

[109] Cf., para além dos estudos sobre a obra daqueles autores, Julius EVOLA, *O Mistério do Graal*, trad. M. Luísa Rodrigues de Freitas, Lisboa, Vega, 1978, max. pp. 65 e ss.

mente ambígua para remeter ao mesmo tempo para a Arcádia da Antiguidade clássica, para o Messias da religião cristã, para um projecto político, em que o Rei toma papel menos activo, limitando-se a guardar o que a natureza vai governando e até para um possível sinal ritual maçônico.[110]

Mesmo quando sonhada por poetas, a descrição de um Paraíso Perdido não é uma remissão para o passado, mas um recado para o presente e um desejo para o futuro. Dirá, ainda que paradoxalmente, o poeta e académico Castilho:

> "A Idade de Oiro não está no passado, como a sonharam os poetas, mas no porvir, e bem próxima se o quisermos. Não há-de baixar do Céu, como deuses, mas há-de rebentar da terra com frutos e crianças, quando os homens se encurvarem para a invocar".[111]

Problema 9.
O insustentável peso de não-ser [...]

A dimensão utópica da Academia está, pois, (como qualquer utopia) bem longe de ser inócua. É uma ousadia de que o poeta tem consciência. A propósito do timbre de uma Academia dos Unidos, talvez situada em Valença, José Anastácio da Cunha começará os seus versos parafraseando Horácio:

> "Fuja daqui, fuja o profano
> Vulgo odioso".

Mas depressa se deixará conduzir pelo entusiasmo da Utopia, e mudará de tom. Fala não já para os presentes, mas para um imaginário, que é também Portugal:

> "No mesmo tempo a voz harmoniosa/ Do Espírito estou ouvindo:/ – 'Ó três e quatro vezes venturosa,/ A Terra!" – diz sorrindo:/ 'Já depõem para sempre a fúria brava;/ Já de coluna serve à Paz a Guerra;/ Já do sangue dos homens as mãos lava;/ Já pode respirar tranquila a Terra;/ Já da União o espírito os homens guia;/ Já nova ordem de coisas princi-

---

[110] Cf. A. H. de Oliveira MARQUES, *Dicionário de Maçonaria Portuguesa*, s.l., Ed. Delta, 1986, "Bom Pastor".

[111] António Feliciano de Castilho, *Felicidade pela Agricultura*, pref. Cecília Barreira, s.l., Europress, 1987, p. 40.

pia./ Sem Pastor as Ovelhas, sem Rafeiro,/ Pastam juntas c' o Lobo carniceiro;/ Tornam-se em cera do Leão os dentes;/ As pontas caem da cabeça ao Toiro;/ O tenro Infante brinca com as Serpentes. (...)/ Correi, correi, felizes séculos de oiro!/ Novas terras descobre, novos mares,/ Outro Gama, outra vez em singulares/ Proezas, resplandece a glória lusa/ E reverdece o seu eterno loiro.

Perante as inverosimilhanças, os paradoxos, as impossibilidades, a Utopia termina, porque é incompatível com a consciência da Utopia.

"Correi, correi felizes!..." Mas, ó Musa,/ Onde me leva arrebatado/ Teu voo loucamente remontado?/ A débil lira desconhece/ Um som tão alto e desusado:/ As práticas dos Deuses e o sagrado/ Empíreo não profanes, deixa o canto!/ Não pode... – Ah!, desce, desce!/ *Não pode a Lira tanto*!"[112]

Pesará quase sempre, à Utopia e à Academia, o lugar que verdadeiramente lá não está: não o insólito, mas o conhecido, não o ideal, ou o ficcional, mas o real. Não o que nos une enquanto académicos dessa Utopia, mas o que nos oprime e nos divide.

---

[112] José Anastácio da CUNHA, *Obra Literária. Volume I. Poesia (com inéditos do autor)*, ed. Maria Luísa Malato Borralho e Cristina Alexandra de Marinho, Porto, Campo das Letras, 2001, pp. 131-136.

Táctica IV – O Êxodo: "um mundo largo e comprido"

Cabeça na Lua e Pés na Terra

Toda a Utopia promete a Lua. Uma Lua-de-mel entre a Realidade e o Desejo. Um mundo mais perfeito, ainda que imperfeito, além daquele em que nos movemos, demasiado Terra, de matéria excessivamente corpórea e real. Perto de nós, a Lua supõe tudo o resto, Ar, Água e Fogo.

Toda a Lua promete a Utopia. Ainda que por vezes fique a meio caminho. Ao piloto Sarmento de Beires, autor de tantos feitos aeronáuticos mas já afastado da carreira e exilado por motivos políticos, perguntava um jornalista:

– Porque foi para aviador?

– Sabe? Sempre me interessei pelas coisas mais pesadas que o ar [...]

Problema 10.
A insustentável leveza do ser

Os que têm a cabeça na Lua têm muitas vezes os pés bem assentes na terra. Vêem as coisas como elas são. E por isso sabem que elas são em grande parte o que fazemos delas. A Utopia é uma estrela distante: guia, mas não é um fim. O fim é, quando muito, a Lua, ir mais longe, mais além, ainda que isso implique o fracasso da expedição ou o abandono do *In Statu Quo* (do Estado em que estão as coisas, isto é, as coisas como nos dizem que são) ou do *In–+ -sta–* (*institio*, o repouso, a Instituição, o que está). Na

História Verdadeira de Luciano de Samosata, escrita cerca de 200 d. C., a Lua é "uma Ilha redonda e brilhante, suspensa no ar".[113] E se o barco é uma espécie de Ilha móvel (uma "jangada de pedra", usando por analogia o título da obra de José Saramago), a nave espacial é um barco de Terra e Fogo, trespassando o Ar: uma jangada de fogo. Talvez não seja por acaso que Tomás Morus foi o editor desta obra de Luciano de Samosata. Excepcionalmente, no relato de Luciano, uma onda gigante atira o barco para a esfera celeste. Na mitologia judaico-cristã, Nemrod (Moloch/Tammuz), o mesmo que forjara chegar aos deuses construindo a torre de Babel, viaja numa caixa movida por bandos de abutres que disputam carne putrefacta. O mítico tapete de Salomão tinha um dossel de pássaros, e Francis Bacon, por conjectura científica, concebe que o homem se faça transportar no espaço levado por grandes aves cativas. Mas, por regra, nunca há passeios amenos para o satélite da Terra: chega-se à Lua violentamente, por impulso de explosões, foguetes, relâmpagos e chamas, correndo o risco de morrer incendiado pela força que nos move. No sentido literal e metafórico, escusado será dizer, de ora em diante.

Estratégia 15.
Passar da morte certa para a morte possível

A Utopia, como a Lua, pressupõe enfrentar os perigos de uma morte iminente. Mas implica também uma morte certa de que o viajante quer escapar. Com ou sem ironias, felizmente há luar. A Lua é uma possibilidade de salvação para quem pouco já viveria na Terra ou para quem nela não pode ou quer viver. O Êxodo não é um castigo: é a salvação. Para tal, a saturação e/ou desprendimento das coisas terrenas é ponto assente. O protagonista da História Cómica dos Estados e Impérios (1657), de Cyrano de Bergerac, pese embora o fervor científico, confunde o entusiasmo da viagem com uma febre alta.[114] Hans Pfaall, o

---

[113] Lucien de SAMOSATE, « Histoire Véritable [d'un Voyage á la Lune], trad, notes de Perrot d'Ablancourt *in* AA. VV. – *Voyages au pays de nulle part,* ed. Francis Lacassin, Paris, Robert Laffon, 1990, p. 11.

[114] Savinien Cyrano de BERGERAC, "L'autre Monde. Les Etats et Empires de la Lune et du Soleil", in AA. VV. – Voyages au pays de nulle part, ed. Francis Lacassin, Paris, Robert Laffon, 1990. Na edição portuguesa, Cyrano de BERGERAC – História Cómica dos Estados e Impérios. Viagem à Lua, ed. António M. Magalhães, Porto, Leiauto, 1989, p. 23.

narrador da viagem em *Um Homem na Lua* (1839), de Edgar Allan Poe, está à beira do suicídio, ou do homicídio, quando depara com um inspirador livro de astronomia. Como no universo utópico: o português Hitlodeu, herói da *Utopia* de Tomás Morus, antes de correr as sete partidas do mundo, desfaz-se da enorme fortuna e títulos, tendo por princípio que "um cadáver insepulto terá sempre o céu por mortalha". Pouco se fala desta primeira morte, anunciada, porque ela pertence ao momento pré-utópico das narrativas, está antes do mundo perfeito, e não ocupa normalmente muito tempo da própria narração.

"– Conta-me todos os pormenores da tua viagem", pede o Mestre da Ordem de Malta ao capitão genovês que descobrira a Cidade do Sol. E este tudo lhe resume numa frase (*in medias res* que não conhecerá analepse): "– Já sabes como fiz a volta ao mundo e como, tendo chegado a Taprobana, me vi obrigado a ir a terra, mas que por medo dos seus habitantes, me embrenhei numa floresta"... Este desgaste (que nunca total desgosto) do Mundo torna-se quase condição *sine qua non* para a Utopia. A morte que decorre da saturação do desejo ou do desprendimento/ sono é ponto de partida de quase todas as viagens utópicas. Por isso, talvez, Roland Barthes, nas aulas do Collège de France, sublinha que os paraísos confeccionados no Falanstério de Fourier têm a sua fonte nas tascas e bordéis, "excelente material de utopia".[115] Pontualmente, Barthes alude também à utopia do sono, falsa morte.[116]

A suposta tradução por José Nunes da Matta de uns inscritos póstumos de Henri Montgolfier, sobre a *História Autêntica do Planeta Marte* (1921), começa precisamente com o "letargo ou morte" do chamado "autor", durante a sua última viagem em balão.[117] Ainda que num balão muito diferente do de Montgolfier, os relatos do viajante Terramarique, datados do ano 3000 d.C., sobre o estado das "ruínas portugalenses" (leia-se Lisboa no ano três mil), têm origem numas sessões de hipnotismo, promovidas

---

[115] Roland BARTHES – *Comment vivre ensemble*, ed. Claude Coste, Paris, Seuil, 2002, le 12 janvier 1977.

[116] Roland BARTHES – *Le neutre*, ed. Thomas Clerc, Paris, Seuil, 2002, le 4 mars 1978.

[117] Henri MONTGOLFIER – *História Autêntica do Planeta Marte*, trad. José Nunes da Matta, Lisboa, Tip. Cooperativa Militar, 1921.

pelo Dr. Das, em Lisboa, no final do século XIX, e frequentadas pelo autor/narrador, Cândido de Figueiredo, num estado de perda de consciência de personalidade própria, denunciado pelo próprio autor/narrador autodiegético.[118]

A Lua tem uma constante face oculta. Andando a Lua constante à volta da Terra, só lhe conseguimos ver um dos lados. Tal como a Lua, a Realidade tem um lado desconhecido a que só se pode chegar pelo Desejo, invisível e inexistente para os que permanecem na Terra, visível e sensível para os que ousam. Este facto protege simultaneamente a Utopia e a Realidade. Ambas se sentem seguras, atrás de uma muralha que esconde realidades diversas, acreditando cada um no que quer e no que pode. Entre o Viajante e os Outros há sempre dois discursos incompatíveis: o que é verdade para o viajante é mentira para o vulgo.

Daí que os visitantes do espaço sejam quase sempre tidos, ao regressar, por mentirosos, sonhadores tomados pelo sono, ou ébrios. Luciano de Samosata apresenta a sua *História Verdadeira* como uma mescla de mentiras deleitosas e doutas sátiras, confundível com contos fabulosos e ridículos: não falando de coisas vistas ou ouvidas, devem os leitores precaver-se de as acreditar como tal. Na História Cómica dos Estados e Impérios, de Cyrano de Bergerac, o protagonista tem de ficar várias horas ao Sol para perder o cheiro a Lua, que fazia desconfiados os seus conterrâneos e levava os cães a uivar-lhe. Kepler, em *Somnium*, justifica a visão da Lua como o sonho de um astrónomo, estudante ainda, e por isso duplamente irresponsável.[119] Em *Um Homem na Lua*, de E. A. Poe, a partida do balão é no dia 1 de Abril, sem indicação de ano, e a "efervescência filosófica" de Roterdão, causada pelo relato do inventivo Pfall, transforma-se, no final do conto, num relatório de conjecturas, em que o luano mensageiro é um "estranho anãozinho, cujo ofício é o prestidigitador, e cujas orelhas tinham sido cortadas pela raiz por alguma má acção", tendo Pfaall e os seus três credores, agora bêbados e vagabundos, sido vistos numa taberna de má fama, com as algibeiras cheias com dinheiro que, "segundo diziam", fora ganho numa "expedição

---

[118] Cândido de FIGUEIREDO – *Lisboa no ano três mil*, Lisboa, Frenesi, 2003 (ed. pr. 1892), p. 9.

[119] Edição consultada: KEPLER – *Somnium: the dream or posthumous work on lunar astronomy*, transl. Edward Rosen's, N. York, Dover Publ. 2003.

ao outro lado do mar".[120] Alguns narradores afirmam redigir as suas memórias à hora da morte, como forma de não sentir em vida as consequências de tão incompreensíveis relatos. O protagonista da *História Cómica dos Estados e Impérios*, de Cyrano de Bergerac, situa a redacção no seu leito de morte, remetendo a responsabilidade de edição póstuma para um amigo, M. Le Bret. *Somnium*, de Kepler, apesar de retratar uma lua seca e rochosa, só foi editada em 1634, depois da morte do autor.

A biografia do narrador não raras vezes acompanha a do autor. A primeira edição do texto de Cyrano é uma versão expurgada de Le Bret, em 1657, depois da morte de Cyrano de Bergerac, atingido pelo desabamento (... que alguns dizem vingativo) de uma viga, ao sair do Palácio de Arpajon. Já condenados pelo Real, os autores apelam à Posteridade (outro nome da Utopia?), como a um supremo tribunal onde podem ser julgados entre iguais. *A Cidade do Sol*, de Campanella, foi escrita nas prisões da Inquisição.[121] Por vezes, vingam-se até dos medíocres motivos por que foram julgados. Ridiculariza-se a futilidade da vida da corte ou da vida académica de que os autores foram excluídos. Luciano de Samosata toma por maravilha do local não haver por lá mulheres, dejectos ou cadáveres: os rapazes asseguram a reprodução, os alimentos respiram-se e os mortos evaporam-se. Pelo meio, em tal reino se ridicularizam vários sistemas filosóficos e todas as poses académicas. Por estas descrições se vê o que em vida tinha incomodado Luciano. Por sua vez, na Lua descrita por Cyrano de Bergerac, cujo nariz foi alvo de igualmente longas sátiras, um nariz grande é, pelo contrário, sinal de generosidade, cortesia e grandeza de espírito, sendo os donos de narizes chatos considerados eunucos. Para a sua vida ser perfeita, nessa mesma Lua, os poetas podem pagar com versos todas as suas despesas. Sistema que lhe parece justo, já que aos de mérito nunca faltaria dinheiro.[122]

---

[120] Edgar Allan POE – *Um Homem na Lua e outros contos*, trad. Domingos Monteiro, Lisboa, Ulmeiro, 2000, pp. 59-60.

[121] Edição portuguesa: Tommaso CAMPANELLA – *A cidade do Sol*, trad. Álvaro Ribeiro, Lisboa, Guimarães Editores, 1996.

[122] Cyrano de BERGERAC – *História Cómica dos Estados e Impérios. Viagem à Lua*, ed. António M. Magalhães, Porto, Leiauto, 1989, p. 101.

Sonho do impossível? Dessa utopia económica viveu, que se saiba, pelo menos o poeta norte-americano Vachel Lindsay, que assim atravessou os Estados Unidos a pé, e consta na Enciclopédia Britânica. A vida imita o sonho como o sonho imita a vida. Entre estas duas "realidades" vive o que sabe, e quer, caminhar entre ambos. Para todos os outros, o vulgo (que na verdade não vive e não sonha) são realidades opostas e incompatíveis. O próprio Pfaall termina o relato da sua expedição à Lua realçando a "concordância quase milagrosa" das rotações da Terra e da Lua, louvando a Deus por jamais expor a face oculta da Lua à curiosidade dos telescópios humanos[123] [...]

Estratégia 16.
Relativizar. Ou seja: ver a Terra na Lua [...]

A Lua distancia o objecto e torna-o menos subjectivo. Como um espelho, a Lua reflecte a imagem que lhe damos da Terra, e simultaneamente encolhe-a, distorce-a, faz-nos ver diferentes e imprevistos ângulos do objecto. Não sendo uma utopia, o relato de Luciano de Samosata, do século II, liga a Viagem à Lua com a descoberta da Ilha dos Bem-Aventurados. Os povos da Lua, governados por Endimião (o mítico pastor a quem Vénus só visitava de noite, às escondidas dos deuses), vivem em constante guerra com os povos do Sol. Mas as Ilhas Bem-Aventuradas deixam por vezes transpirar conflitos latentes e nem sempre exteriores: os estóicos e os académicos nunca lá chegam a entrar, até porque se revelam incapazes de se orientar; pede-se a Sócrates que deixe de vez a sua ironia e dá-se-lhe, como consolo, uma academia sem membros denominada (será uma tautologia?) Academia dos Mortos. Se o cínico Diógenes vive nas ilhas em plena luxúria (para castigar os excessos da anterior frugalidade), exclui-se ironicamente Platão porque agora ele habita aquela República perfeita que tinha imaginado, em livro, para os outros.

Em *Somnium*, de Kepler, um jovem estudante de Tycho Brahe defende o sistema copérnico afirmando que, vista da Lua, os movimentos da Terra são tão claros quanto os da Lua para os habitantes da Terra. No texto de Cyrano de Bergerac, a Lua é

---

[123] Edgar Allan POE – *Um Homem na Lua e outros contos*, trad. Domingos Monteiro, Lisboa, Ulmeiro, 2000, pp. 58.

"um outro mundo para o qual o nosso é uma Lua". A princípio, o protagonista classifica os habitantes da Lua como animais. Sendo metido numa gaiola e tratado como atracção de feira, tem depois alguma dificuldade em convencer os luanos de que ele próprio não é um animal. Apesar de mais abertos e cultos filosoficamente, também os luanos julgam a partir de um centro, a sua própria civilização, tratando o outro como satélite. Independentemente do centro, estabelece-se uma dicotomia de conceitos: homem vs. anão ou homem vs. macaco/cão. O centro é o ser racional e sensível, sendo o seu satélite um seu semelhante, todavia desprovido de inteligência ou sensibilidade, sentido da proporção ou sentimentos.

Não faças aos outros o que não gostas que te façam a ti. O resultado, para o leitor que "vive" ambas é uma mútua relatividade. E é esta a maior lição da fábula: na própria Terra, fazemos Terras e Luas. Valorizamos excessivamente o nosso centro. Menosprezamos, por medo ou ignorância, os nossos satélites.

[...] e a Lua na Terra

O Renascimento, ainda quando se considere a diversidade de estratégias filosóficas da Idade Média, é um período de afirmação dos poderes do livre arbítrio: a filosofia da época valoriza o poder do indivíduo e acredita muitas vezes na possibilidade de reivindicar um Paraíso na Terra, para a Terra. Até porque os leitores descobriram que existem na Terra muitos mundos e todos eles são possíveis. O relato utópico do português Hitlodeu, na *Utopia* de Tomás Morus, confunde-se com os mapas e roteiros documentais dos viajantes europeus (muitos deles portugueses) que vão à descoberta do enorme planeta desconhecido.[124]

No século XVII, a vitória científica do sistema copérnico demonstrou definitivamente que a Terra não podia ocupar o centro do Universo, mas girava, como os restantes planetas, à volta do Sol. *Somnium*, de Kepler, em 1634, faz da Lua o sonho de um astrónomo. Em 1638, da autoria de Francis Godwin, é publicada, postumamente, *The Man in the Moon, or a Discourse of a Voyage thither, by Domingo Gonsales*, talvez escrito entre

---

[124] Edição portuguesa: Tomás MORUS – *Utopia*, trad. José Marinho, Lisboa, Guimarães Editores, 1978.

1599 e 1603. Em 1654, é publicada em França a sua tradução. Redigida, dois anos depois, a *História Cómica dos Estados e Impérios*, de Cyrano de Bergerac amplia o seu êxito, científico e literário. A pluralidade dos mundos é defendida amiúde por Cyrano, na *História Cómica*, trinta anos antes da publicação dos *Entretiens sur la pluralité des mondes* (1686), da autoria de Fontenelle. Nesta obra de divulgação científica (lida como tal até ao século XIX), logo no segundo diálogo, se instrui a espantada Marquesa de G*** de que a Lua seria habitada.[125] Dois anos antes, em 1684, as gazetas de Paris tinham referido o estrondoso êxito de Arlequim, Imperador na Lua, representado por cómicos italianos. Por vias muito diversas, todas estas obras, desde logo a de Godwin, difundem o sistema copérnico e, ao imaginar a Lua habitada, sublinham a paridade dos vários planetas do sistema solar.

Ir à Lua, no século XVII, é descobrir outros pontos de vista. Pelo menos para o protagonista de *História Cómica dos Estados e Impérios*, o encontro com os habitantes da Lua é em tudo semelhante à descoberta de outros povos da Terra: na primeira tentativa que o protagonista faz para chegar à Lua, muda somente de meridiano e facilmente confunde a Nova França (Canadá) com a Lua, concluindo depois quão semelhante a Nova França era à velha França. Na viagem imaginada por Edgar Allan Poe, já ia adiantado o século XIX, não estando em causa a divulgação do sistema copérnico mas a divulgação de experiências-limite na exploração do espaço, também Pfaall, ao aproximar-se da Lua, confunde a Lua com a anterior visão que tinha tido da Terra.

Nem sempre os relatos dos novos mundos plurais são claramente eu-tópicos, bons e perfeitos lugares. Em ambos os livros (de Cyrano e de Poe), a viagem à Lua pode ser vista como pretexto para divulgar a argumentação científica e acabar por nos dar notícia de um mundo que tem igualmente conflitos e preconceitos. Mas há, nesta ambiguidade de perspectivas, algo de intrinsecamente u-tópico, literalmente "sem lugar", revelando-nos o estranhamento do discurso dos outros e o estranhamento do nosso próprio discurso: atopos, sem-lugar, assim denominavam os retóricos gregos o efeito metafórico. Quando irremediavelmente

---

[125] Edição consultada : FONTENELLE – *Entretiens sur la Pluralité des Mondes*, Paris, Lib. Bibliothèque Nationale, L. Pfluger Editeur, max. Deuxième Soir e Troisième Soir.

perdemos o centro do Universo, está em causa mais do que um sistema científico. Perdendo o centro, duvidamos da nossa importância como filhos dilectos de Deus, nosso Criador, e ganhamos a hipótese de nós, Terrestres, não estarmos mais sozinhos, mas sermos uns entre muitos (Luanos, Marcianos, Venusianos, Terrestres...), estando o espaço inteiro coberto por aventureiros e viajantes que intertextualmente se comunicam. Com efeito, o protagonista de *História Cómica* (de 1657) encontrará na Lua o espanhol Domingo Gonzalez que por lá tinha ficado, produto da ficção de Francis Godwin, *O Homem na Lua* (de 1638), obra que sem dúvida Cyrano leu e procurou imitar, para criticar aquele "insuportável orgulho dos humanos que estão persuadidos que a Natureza foi feita apenas para eles". Curiosa é a estratégia retórica: para reforçar a verosimilhança do seu relato literário, Bergerac usa uma personagem literária de um discurso anterior (o de Godwin). Qualquer acto imaginado se torna mais credível se se conjugar com indiferenciados actos imaginados e factuais. Primeiro, torna-se difícil distinguir o real do irreal, para que depois se torne difícil distinguir o real do ideal.

Problema 11.
Navegar tem certamente os seus riscos [...]

Na segunda metade do século XVIII, abundam os homens-voadores (existe até uma mulher-voadora em *The Life and Adventures of Peter Wilkins*, de Robert Paltock (de 1751), traduzida para francês como *Les Hommes Volants*). A maior parte desses protagonistas encontram-se, significativamente, na ficção francesa. Se *La découverte Australe par un Homme-Volant* (1781), de Restif de la Bretonne, se centra numa utopia australiana, a maior parte dos filósofos das Luzes não se contenta com viagem tão curta. Começam também a visitar-nos habitantes de outros planetas. *Micromégas* (1752), de Voltaire, imita as *Viagens de Gulliver*, *Gulliver's Travels*, de Jonathan Swift, mas adapta o "Pequeno grande" a um diferente grau de verosímil: o herói, vindo da estrela Sirius, chega ao planeta Terra, depois de ter passado por Saturno. Em 1775, um denominado Louis Guillaume de la Folie publica *Le philosophe sans prétention*, *O filósofo sem pretensão*, sobre os ensinamentos de um marciano que chega à terra numa nave movida a electricidade. As Viagens de Milord Céton pelos vários planetas do sistema solar são também um percurso pela pluralidade dos mundos humanos: a Lua, o único satélite com direito a volume autónomo, é o reino dos frívolos (incluindo até um Castelo do Sublime e uma Academia de mulheres sábias, especialistas em lançar modas), Mercúrio o planeta dos avarentos, Vénus dos amantes, Marte dos que vivem da ou para a guerra, Júpiter dos orgulhosos. Mais utópicos são os mundos de Saturno, imobilizado numa eterna Idade do Ouro, e do Sol, centro da Luz e Razão. A sua autora é uma mulher, Marie-Anne de Roumier-Robert (1705-1771), conhecida como romancista; mas, nestas viagens, opta pelo anonimato para, nas suas próprias palavras, "se poupar ao que não queria ou desprezava".[126] O género utópico prefere frequentemente o anonimato. O sem-lugar situa-se no universo da loucura, do sonho, da fantasia, do impossível ou, mais exactamente, do que se julga impossível. Torna-se incompatível com a exibição do eu. O anonimato, como a publicação póstuma, é frequentemente uma estratégia de liberdade.

Nos romances setecentistas, muito antes das viagens de Emilio Salgari, de Júlio Verne, ou de H. G. Wells, a viagem à Lua será cada vez mais um pretexto para utopias tecnológicas, fascinadas pelos progressos científicos, relegando-se frequentemente para segundo plano a sua dimensão filosófica e moral. Até porque a época vive fascinada pelos progressos de uma Ciência, cada vez mais pública. Os protótipos saem dos laboratórios e as experiências tornam-se cada vez mais eventos, a que multidões de curiosos assistem. A Antiguidade registrava já os êxitos de uma pomba mecânica, construída por Architas, um filósofo pitagórico; em 1612, os artífices napolitanos, durante as exéquias da Rainha Margarida de Espanha, conseguiram lançar pássaros no ar que iludiram até os caçadores: sempre antes e depois (mesmo ao longo das declaradas trevas da Idade Média) se perseguiu o sonho de imitar o voo dos pássaros. Na segunda metade do século XVII, Bernier, conhecido como "o homem voador", usava uma espécie de asa delta, com êxito suficiente para ganhar a vida

---

[126] AA. VV. – *Voyages Imaginaires, Songes, Visions, et Romans Cabalistiques*, s. ed. [Charles-Georges-Thomas Garnie], 39 vols., Amesterdam, s. n., 1787-1789, vol. XVI, p. xv.

lançando-se de falésias (ao contrário dos muitos que assim a perderam). Em 1670, o Padre Francesco Lana Terzi, jesuíta italiano, concebe o projecto de uma enorme bola oca (ou várias bolas sem ar) que, devido à maior leveza, se elevaria, podendo arrastar uma pequena barca. Mas os seus votos de pobreza deixavam-no sem meios de pôr a ideia em prática. Garantia aos que a tal se aventurassem todo o seu apoio científico, e só temia que Deus não encorajasse tal projecto, por ser manifesto o perigo do projecto ser usado para vigiar, manobrar e destruir reinos. Medo semelhante ao que gera hoje o Echelon, alegado projecto de vigilância mundial, cujo controle escaparia aos indivíduos e até aos estados.

No século XVIII, pela primeira vez, o homem conseguiu erguer-se e manter-se acima do solo, dirigindo o seu voo. Bartolomeu de Gusmão, na petição que faz ao rei D. João V, desde logo pede a protecção do invento, já que dele "se podem seguir muitas desordens, cometendo-se com o seu uso muitos crimes, e facilitando-se muitos na confiança de se poderem passar a outro reino" (apud Carvalho, 1991: 15). A máquina elevar-se-ia, não com esferas ocas, mas por aquecimento do ar. Curiosamente, tenta lançá-lo no dia de S. João, no mesmo dia em que o balão do protagonista da História Cómica parte para o espaço. A razão é o de ser dia do santo com o nome do rei (uma forma de amansar os temores, associando a ousadia científica à instituição real). Mas o rei adoece, e o lançamento é adiado. A 3, 5 e 8 de Agosto de 1709, em data sob o signo do Sol, Bartolomeu de Gusmão consegue finalmente apresentar à Corte o seu invento: a máquina eleva-se pelo menos 20 palmos, mas incendeia-se em todas as tentativas. O mecanismo de elevação seria idêntico ao que usou Desforges, setenta anos mais tarde: o êxito foi relativo, e ambas as máquinas acabaram ridicularizadas: "passarola" quando não "volátil patarata", assim chamaram ao invento de Gusmão. As bibliotecas guardam imensos e dispersos manuscritos que cantam o fracasso daquele "Voador-Mor do Reino", "Viandante dos Astros", "Corredor de Luzeiros", "Postilhão dos Planetas", "dos Signos Pegureiro", "Estafeta dos Ventos", "dos Antípodas Correio", "dos Trópicos Areeiro", "Embaixador dos Climas", "Enviados das Zonas", "Núncio dos Hemisférios", "Sentinela dos Tempos", "Mercúrio do Universo" e "Arlequim dos Meteoros" que tudo deitou a perder com uma vela acesa. Vimos alguns manuscritos e alguns impressos na Biblioteca Geral, Biblioteca Geral da Universidade de Coimbra ou Biblioteca da Ajuda. Em 1935, saiu uma já rara compilação, com ilustrações e sátiras: Descrição burlesca dum imaginário aeróstato e outras sátiras ao P.de Bartolomeu Lourenço de Gusmão. Na Ajuda, algumas cópias manuscritas do célebre Tomás Pinto Brandão, entre outros. Nas décimas *Ao novo invento de andar pelos ares*, se chama ao engenho "mentida verdade", e "dúvida crida", aproximando-a assim de algumas definições da Utopia. Outros, mais do que o Limoeiro, lhe acham adequado o Hospício.[127] Na Biblioteca de Viena de Áustria, segundo Rómulo de Carvalho, guarda-se uma Notícia relativa à feliz aportada do navio voador que em 24 de Junho [*sic*] veio de Portugal a Viena com o seu inventor, publicada ainda em 1709. O narrador, imaginando que a nave consegue mesmo voar, relata mesmo as lutas de Gusmão com águias, abutres, aves-do-paraíso "e outros voláteis desconhecidos na terra", tendo até divisado os habitantes da Lua:

> "Como houvesse voado muito baixo, tudo pudera distinguir; a tanto lhe permitira a velocidade que levava. Assim vira à superfície do satélite muitos vales, rios, mares e seres viventes. Estes mostravam duas mãos como nós outros, mas não tinham pés e por isso rastejavam como serpentes. Traziam todos, às costas, uma espécie de capa sob a qual podiam abrigar-se, tornando-se invisíveis. E como à vista disto não precisavam de habitações, ele, o aviador, não vira à superfície da Lua vestígio algum de casa ou castelo. Ficara-lhe a convicção de facilmente ser atacável e conquistável o mundo lunar por meio de umas quarenta ou cinquenta naus aéreas como a sua, tripuladas cada uma por quatro ou cinco homens armados. Com o tempo era possível que Sua Magestade, o rei de Portugal, não abrisse mão de tal conquista".[128]

---

[127] Cf., entre outros, AA. VV – *Descrição burlesca dum imaginário aeróstato e outras sátiras ao P.de Bartolomeu Lourenço de Gusmão*, Coimbra, Biblioteca Geral da Universidade, 1935; ANÓN. – *Ao novo invento de andar pellos ares. Decimas*, s.l., s.d., Biblioteca da Ajuda, Ms 50-I-11, fls. 193v-194; ANÓN. – *Ao P. Bartolomeu Lourenço que fazendo no Paço a primeira experiência do seu Engenho de voar, trouxe para isso hum globo de papel, o qual metendo athe dentro hua vella acesa, per si mesmo avia de elevar-se aos Ares, e pondolhe a dita vella lhe pegou fogo e ardeu inteiramente*, s.l, s.d., Biblioteca da Ajuda, Ms. 54-XI-25, nº 63.

[128] Rómulo de Carvalho – *História dos Balões*, Lisboa, Relógio d'Água, 1991, p. 27.

Para desgosto de quem acalentasse uma inesperada versão de Quinto Império, o final não é feliz. Nesta estória, Gusmão acaba preso sob a acusação de feitiçaria, o que parece ao narrador perfeitamente justo, já que assim se aniquilaria uma arte que prometia "causar ao mundo grandes inquietações". Na História, Gusmão parece ter abandonado estas experiências, não se lhe conhecendo mais nenhumas até ao ano da sua morte, em 1724, em Toledo, depois de um mal explicado processo de intrigas que o levariam ao exílio. Ambas as histórias pareciam dar razão a Gassendi, filósofo que assegurava não ter sido feito o homem para voar, facto que seria demonstrado pela sua estrutura vertical! A verticalidade parece sempre impossibilitar o voo.

Epure se muove. No mês de Junho de 1783, em Annonay, França, os irmãos Montgolfier, Joseph e Etienne, lançam com êxito um balão de tafetá, reforçado com papel. Era igualmente um balão aerostático, como o de Gusmão. Mas desta vez o balão perde-se de vista: apesar de estar a chover, ergueu-se cerca de dois quilómetros. A notícia chega à Academia de Paris e, dois meses depois, sobe em Paris, perante metade dos seus habitantes, uma versão melhorada por N. Robert, desta vez um balão cheio com hidrogénio. Sobe a velocidade ainda maior e cairá ainda mais longe, aterrorizando uns camponeses que pensaram estar a ver cair a Lua. Em Novembro, Pilâtre de Rozier e o Marquês de Arlandes aventuram-se na primeira viagem tripulada. A moda propaga-se, apesar da primeira vítima ter sido o primeiro herói: Rozier morre em 1785, ao tentar a travessia do Canal da Mancha.

E a novidade chega também a Portugal. Já em 1784, o italiano Vicente Lunardi, funcionário da embaixada napolitana em Londres, mostra aos ingleses o novo meio de transporte. Em Janeiro de 1794, levanta voo em Madrid, aterrando na província da Mancha, onde os camponeses, talvez habituados a estas quixotadas, o levam em ombros à igreja paroquial de Orcajo. A 24 de Agosto de 1794, em Lisboa, numa tarde de domingo (afrontando os perigos daquele homem que colhera lenha ao domingo e que a crença popular sempre vira preso, por castigo, na lua cheia), os portugueses assistem a uma repetição dos seus feitos: Lunardi, num balão aerostático, levanta voo da Praça do Comércio, atravessa os céus de Lisboa e vai aterrar em Vendas Novas, voando depois a Magaina [*sic*] sem que elle a podesse segurar, a qual foi depois cahir a Veiros".[129] Uma epístola de José Agostinho de Macedo a Garção Stockler canta o extraordinário feito que aproxima a Terra da Lua. Bocage imagina o aventureiro chegar ao Templo da Memória. E canta-o nesse mesmo espaço utópico:

"Lá, onde a feia inveja desgrenhada
Ao mérito não move horrível guerra,
Nem sobre chusma inerte e desprezada
Cospe o veneno, as víboras aferra.
Lá, na ditosa e lúcida morada,
Defesa dos vícios de que abunda a Terra".[130]

Utópico, aqui bem pouco real. Entre o medo político e o medo supersticioso do vulgo não há, por vezes, muitas variantes. Prova do facto é o medo político se servir amiúde do medo supersticioso. Camilo (complementando as notícias do Panorama, t. VIII, p. 15) descreve em pormenor o documento que, pertencendo à livraria de Inocêncio Francisco da Silva, lhe chegou às mãos: era sobre a prisão de Lunardi em Portugal. Lua, Lunardi: como foi Lunardi ter no nome o que visava? Talvez fosse uma deturpação. Lunardi é designado nos autos por Leonardi, rigor jurídico talvez a par com uma intencional limpeza mítica, não fosse esse nome recordar também o do Leonardo renascentista que desenhava máquinas voadoras. Quando Lunardi chegara a Lisboa, em finais de Maio, aguardara-o afinal uma intimação da corregedoria, impedindo-o de levantar voo antes da máquina ser examinada. Compreensível, seria. Mas quando expõe o dito balão numa barraca da Praça do Comércio, com vários painéis explicativos, para que todos constatem a ausência de artes diabólicas (correndo a fama de que as usava), logo Pina Manique o manda prender por não cumprir aquilo a que se tinha obrigado. Argumenta, dão-lhe razão, mas enquanto isto sucede não escapa a algum tempo no Limoeiro. Será D. João VI a autorizar a subida do balão, a 24 de Agosto. Para logo 5 dias depois da primeira subida, por ordem do intendente, se destruir a barraca de Lunardi, "não lhe admittindo subterfúgio algum a este fim". Que parta de-

---
[129] Camilo CASTELO-BRANCO – *Noites de Insomnia offerecidas a quem não pode dormir por...*, 4 volumes em 2 tomos, Porto, Liv. Chardron, de Lello & Irmão, ed. 1929, vol. II, "Vergonhas nacionaes": 171-2.
[130] BOCAGE – *Obras de...*, com introd. Teófilo Braga, Porto, Lello Editores, s.d., Soneto CXV.

pressa. Lunardi tinha ainda pensado em ficar algum tempo mais, manter por algum tempo as instalações na Praça do Comércio, alargar contactos, divulgar a máquina. Mas tem de partir: deve partir. Como pode ficar? Quem tem a Lua no nome sabe bem que o êxodo não é castigo, mas salvação.

Estratégia 17.
[...] mas "navegar é preciso"

Castigado será quem fica. Agora a cada vez mais poderosa máquina da ciência não se compadece com estas pequenas areias da engrenagem. Sucedem-se as conquistas, traçam-se novas metas, ambicionam-se novas travessias. Só a 14 de Março de 1819, Robertson e o filho farão nova demonstração sobre os avanços dos balões aerostáticos. Começam por dirigir aos espectadores um Soneto, louvando a cidade. À chegada os poetas da cidade (que, significativamente, em Portugal, são sempre muitos) celebram-nos com glosas do dito soneto e muitas referências a Faetonte, Dédalo, Ícaro, Erato e até aquele Rei ausente que teimava em ficar no Brasil, estando há muito afastadas as investidas de Napoleão. Quantas coisas se pode em Portugal dizer com a metáfora! O Balão que desaparece nos ares vai afinal parar a esse "ceptro/ que do auri-pro Brasil dá leis aos lusos", mas para que se não tema o remoque se reforça que "fiel minha alma ao Rei, à Pátria, ao Pejo,/ Irá com a vossa suspirar ligada,/ Expondo o vosso Amor, vosso desejo".[131]

Desejo de que o Rei volte. Ou outros indefiníveis desejos, em que o corpo humano se torna balão, aspirando ao Amor. Cantar a viagem de balão torna-se facilmente um pretexto para muitas outras viagens, sobretudo para aquelas em que o Desejo roça o que é julgado impossível. A metáfora tem significados sempre expansivos e é sempre difícil controlá-la. Tanício descreve a Marília, no mesmo Balão das Musas em que celebra Robertson, a elevação amorosa que por ela sente. E a impaciência de ficar em terra:

---

[131] ANÓN. – *O Balão das Musas, dirigido por Tanicio a Marília Ou Versos que, principiando pela Glosa do Soneto com que M. Robertson o filho fizera na despedida de seus Espectadores, comprehendem mais uma Ode Horaciana e Quatro Anacreonticas sobre este assunto*, Lisboa, Impressão Regia, 1819, p. 4.

"Esse Balão de meu corpo
Que certo em terra flutua
Tranquilo aguarda o desenho
Dos moradores da Lua".[132]

É neste contexto que é publicado o livro de José Daniel Rodrigues da Costa: *O Balão aos Habitantes da Lua*: poema herói-cómico em um só canto. José Daniel da Costa o confirma, fazendo de Robertson o protagonista da sua viagem à Lua:

"Num bote, que de verga foi tecido,
Preso a um globo de gás inchado e cheio,
Sobe aos ares Robertson destemido (…)
Entrou na Lua (não é caso novo)
Mas pasmou vendo terra e tanto povo."

A primeira edição é logo de 1819,[133] ano da ascensão de Robertson em Lisboa, aproveitando ainda o seu impacto: "Agora qual Balão que atrai o povo,/ Eu me apresente ao público de novo".

Da obra se conhecem pelo menos mais três edições, uma delas a reimpressão da edição de 1819 no Rio de Janeiro, em 1821, e outra em Lisboa, na Impressão de João Nunes Esteves, logo em 1822. Depois, um longo silêncio de século e meio, só quebrado pela edição preparada, em 1978 para as Edições 70, por Alberto Pimenta. Há ainda uma quinta (Porto, FLUP, 2006). Mas tal número nada diz sobre o grande desconhecimento a que invariavelmente é votado o autor. Se se lê, não é levado a sério. E para isso muito contribui a posição pró-miguelista do autor, arrumado, pela História, na ingrata prateleira dos conservadores e vencidos. Desconfia-se do seu sentido crítico. E talvez não sem razão, até porque devemos desconfiar de todos os sentidos que nos dizem ser críticos. Mas nem só pelas suas posições políticas, tão semelhantes aos dos portugueses da época, indecisos entre partidos fraternos. Se José Daniel Rodrigues da Costa fosse a personagem de uma comédia, teria nela a função do Coro. Tudo capta e de todos os excessos ou novidades troça um pouco: fa-

---

[132] ANÓN. *Op, cit.*

[133] José Daniel Rodrigues da COSTA – *O Balão aos Habitantes da Lua*, Lisboa, Imp. Regia, 1819.

tos, ditos, chavões, bagatelas, hipocrisias, modas nacionais ou estrangeiras.

José Daniel Rodrigues da Costa nunca viveu dentro ou fora, mas na fronteira entre a independência e subserviência do bobo da corte. Nasceu a 30 de Outubro de 1757, em Leiria, e faleceu, em Lisboa, a 7 de Outubro de 1832. Era tão pobre e esforçado que mereceu o favorecimento de Pina Manique e foi acolhido na Nova Arcádia, em casa do Conde de Pombeiro, onde desdenhava às quintas-feiras dos versos de quase todos os pastores, usando o nome de Josino Leiriense. Ao seu lado, passavam os governantes e os governados. Tudo observa à procura de uma Ordem, mas oscilando entre a voz do Povo e a voz de Deus, entre evidências e ironias, sarcasmos e adulações, imagens e profecias, para afinal ficar pelas pinceladas rápidas e superficiais de um painel de feira popular.

"– Cheguem Senhores, cheguem, e pelos vidros desta Câmara Óptica observem as extravagantes cousas que se apresentam aos olhos de quem as quer ver em quadros de vivas pinturas".[134]

Assim dirá José Daniel da Costa, em 1807, numa *Câmara Óptica*, onde as vistas às avessas mostram aos leitores o mundo às direitas. Não admira que apanhe a moda dos poemas a Robertson e os mescle com a epopeia nacional, dando-lhe um tom de paródia.

No assunto, canta, com vocábulos correntes, a grandeza invulgar de um Génio que, projectando chegar ao Sol, esbarra na Lua:

"Eu canto o herói que voa sem ter asas [...]
Que, indo buscar nas nuvens desafogo
As dúvidas tirou à gente perra
Que teima em que na Lua não há Terra."

Na invocação, dirigida a Mercúrio e aos Lunáticos, depois de pedir "engenho e arte", para cantar quem se aventurou "por ares poucas vezes navegados", se contenta, afinal, com leitores. Que estes paguem em papel ou metal, não importa. Que o cri-

---
[134] José Daniel Rodrigues da COSTA – *Câmara Óptica onde as vistas às avessas mostram o mundo às direitas*, Lisboa, Off. Simão Taddeo Ferreira, 1817.

tiquem até, mas sem incómodo mútuo: "Comprai, lede, rasgai, ficai pacíficos".

No epílogo, a descoberta da máquina do mundo ou a revelação do que é Deus são substituídas pela incapacidade de sustentar a Utopia, "que a tanto o engenho humano não se estende".

Muitos dos tópicos das viagens à Lua se voltam a encontrar aqui. A inconsistência e tolice do narrador ("Com a cabeça lá por esses ares/ – Cá por certas razões particulares,/ Fiquei ainda mais aéreo e tonto [...]/ Que feito ser não pode com assento/ Tudo o que tem no ar o fundamento". A fisionomia dos Lulanos é ambiguamente distinta e semelhante à dos humanos, seus satélites e semelhantes. Agora, a perspectiva de uma panóptica aérea, é garantia de segurança social: o balão seria útil vigiando a cidade, mas mais útil ainda perseguindo os piratas urbanos. A tirania também muda. O que era uma ameaça é agora uma arma: vêem-se as vantagens da prisão panóptica, do *Big Brother*, do *Echelon* [...]

Em tudo isto começa a ser evidente a tópica da Utopia. A História foi abolida, não havendo lugar para a mudança. A perfeição é eterna e assim não mudam nunca as leis ou os vestidos das mulheres. Todo o excesso é punido, todas as antíteses limadas, desde o monopólio de comércio ao espírito do jogo, da cobiça à ambição, da ostentação ao egotismo. O trabalho, o fato e o funeral a todos unem por igual. Como se depreende, a Utopia tem uma violência simulada. Não sendo violenta para o exterior, a Utopia resolve-se numa necessária violência interna (o pai que bate no filho, por este lhe ter dito uma frase desrespeitosa, a Ilha dos Fracos, a necessária tristeza dos velhos, a pena de morte para os assassinos e muitas outras penas de Talião...). O estado perfeito é um estado fechado. Não se importam do exterior tecidos ou palavras ("De mês a mês tudo melhora/ que não se admite lá nada de fora" e "Uma palavra só não têm estranha"). Proclama-se a pureza das Pragmáticas e das Gramáticas.

Não se deve acreditar numa verdade literal quando partimos para o alto ar. O distanciamento proporciona quase sempre uma certa forma de reflexão sobre o tamanho e perspectiva das coisas. A ironia (a socrática mas também a estilística) é uma forma de interrogação em que fica indistinto de que lado estamos nós, que partido tomamos, afinal. Por isso não nos deve surpreender que, nesta curiosa utopia-paródia, a ironia tenha um lugar de destaque, à semelhança do que sucede, aliás, na *Utopia* de Tomás Morus. Ouça-se Robertson, protagonista desta ficção na Lua, que parece imitar o Robertson da vida real, aquele que lançou um soneto de louvor à gente lusa. Também a personagem se despede dos Lulanos, proclamando a excepcional perfeição dos portugueses (e afinal, dos leitores):

> "O mundo donde venho está sabido
> Que é com o vosso muito parecido!
> [...] Os lusos sem causa nunca brigam,
> Sabem só defender-se se os obrigam
> É gente muito humana e de bom porte.
> Dotada de uma grande fortaleza,
> Que nos perigos arrosta com a morte,
> Valor que já lhe vem da natureza."

Desengane-se quem via na Lua a Ribeira ou as ruas de Lisboa. É de um outro Portugal que se fala. E no entanto, ainda e sempre o mesmo. Do reino que temos e daquele de que desistimos.

Também na *Viagem* e na *Utopia* a aventura do acaso se mistura com a teimosia do rumo. Precisamos de Arte como de Utopia: porque as coisas nunca são como são. Como poderia a nossa imagem do real passar sem a nossa capacidade de o imaginarmos?

Por isso navegar é preciso. Partir. Ainda que seja na barquinha de um balão enviado à Lua.

Táctica V – A Resistência: livres e livros

Sobre a Liberdade da Marquesinha de Alorna no Convento de Chelas

Quando estudamos a educação feminina desta época, ainda nas faixas aristocráticas, devem-se contextualizar as leituras e estudar as circunstâncias da escrita, muitas vezes indissociáveis das outras artes, ditas domésticas, e das outras obrigações, estritamente religiosas. O discurso masculino tem invariavelmente uma contextualização política que raramente pode ser reproduzida na análise do discurso feminino. E muito se perde se os focarmos nas mesmas circunstâncias ou se os procuramos nos mesmos suportes. Remetidas ao espaço doméstico, onde a palavra-escrita tinha menor relevo que a palavra-dita, as mulheres têm muitas vezes de ser lidas nas dobras do discurso da História. E o seu discurso ficou nessas dobras guardado, sendo tido por menor ou destruído por não ter sido público, imposto e exposto. Refere-se, assim, depreciativamente, a palavra da alcova, mas também, por arrastamento, a da sala ou a da cozinha. A toada de mulher tem a condição artística de uma toalha em pé-de-flor. E um poema seu escrito em papel volante tem o valor de um canapé de *vol-au-vent*. É por isso que se torna importante explicá-los, isto é, expor-lhes as dobras, em francês, *les plies*.

Estratégia 18.
Contar uma história sem autor

Não será por acaso que os antropólogos chamam muitas vezes ao discurso das mulheres o "discurso mudo".[135] Como estes

---
[135] J. FENTRESS/ C. WICKHAM – *Memória social*, trad. Telma Costa, Lisboa, Teorema, 1994, p. 172.

bordados que cobrem os corpos de outrem, também raramente o discurso feminino passa a discurso próprio e exposto.

No século XVIII, citem-se como exemplos desta linguagem silenciosa os volumosos 14 volumes de manuscritos de D. Joana de Menezes, Condessa de Ericeira, mãe de Francisco Xavier de Menezes. A autora, por razões de modéstia a que se obrigava por ser mulher, sempre recusou que saíssem impressos. E se publicou o *Despertador del alma al sueno de la vida*, fê-lo sob o nome de Apolónio de Almada, um criado da Casa (isto é, um "habitante" do espaço comum da casa).

A Marquesa de Alorna só viu a maior parte dos seus poemas editados postumamente, já em 1844,[136] uma escassa parte das composições e textos ainda inéditos que se encontram a ser editados paulatinamente pelo actual Marquês de Fronteira e Alorna.

Catarina de Lencastre, 1ª Viscondessa de Balsemão, casada com o Ministro do Reino, Luís Pinto de Sousa, deixou quase toda a sua obra manuscrita. O seu soneto "Não te temia, carrancuda Morte", encontra-se no reverso de uma carta que lhe fora enviada, a acompanhar quatro caixas de morcelas de Arouca. O soneto de uma jornada de regresso ao Porto lê-se hoje nas costas de uma carta que acompanhara castanhas assadas e que também servira para calcular os gastos da viagem.[137] Catarina de Lencastre, segundo uma sua secretária, ditaria sempre os poemas com as mãos ocupadas.[138]

As composições de Francisca Possolo da Costa ou Teresa de Melo Breyner só no nosso século XXI estão a ter inventariadas e publicadas as suas composições.[139]

---

[136] D. Leonor d'Almeida Portugal Lorena e Lencastre, Marquesa de ALORNA – *Obras Poeticas de,* ..., Lisboa, Imprensa Nacional, 1844, 6 vols.

[137] Respectivamente, Ms. P. doc. 8, reverso de uma carta de D. Maria do Carmo Cardozo de Menezes e Ms. P, doc. 43. Cf. o nosso Maria Luísa Malato BORRALHO – *Por acazo hum viajante... A vida e a obra de Catarina de Lencastre, 1ª Viscondessa de Balsemão (1749-1824)*, Lisboa, IN-CM, 2008, p. 161.

[138] Testemunho de Maria Ernestina de Almeida em *Poezias da Viscondessa de Balsemão*, Ms. Res. BNL, Cod. 8.755, Prefacio, p. 3.

[139] Sobre Possolo da Costa, de Andrea Gisela Vilela BORGES, *"Meu triste canto deve ser ouvido": Introdução à vida e obra de Francisca Possolo (1783-1838)*, dissertação de mestrado apresentada à FLUP, Porto, 2006, partindo da análise da obra impressa e tendo visado a continuação do estudo na obra inédita. Sobre Teresa de Mello Breyner, Raquel BELLO VÁZQUEZ, v.g., *Uma certa ambição de glória*, dissertação de doutoramento apresentada à Universidade de Santiago de Compostela, Santiago, 2005.

Quando, no início do século XIX, Almeida Garrett refere a cultura de sua mãe, não deixa de lhe referir o lugar doméstico das reflexões estéticas:

"Minha mãe ainda foi daquelas senhoras portuguesas velhas que já não há. Lia, sabia, prezava as coisas de arte; mas não falava em livros senão connosco".[140]

O Marquês de Fronteira refere, algo hiperbolicamente, a cultura de sua sogra, D. Maria da Câmara, que, sabendo de cor "todo o theatro" [sic] de Voltaire, Racine e Molière, só muito discretamente o demonstrava nos salões.[141]

Parece haver no desenrolar das palavras que se confunde com a arte dos bordados, técnica em que eram exímias as locatárias dos conventos. Não falamos talvez somente da vida conventual dos séculos XVII e XVIII, mas dessa arte imemorial que mescla o gosto pelas histórias com as danças da agulha, um certo gosto comum nas voltas da espiral: a etimologia de "palavra" é quase uma deturpação popular de "parábola". É também significativo que, a um nível mais erudito, a "parábola" tenha derivado para uma improvável homonímia: parábola designa, quer "a narrativa alegórica que transmite uma mensagem indirecta, por meio de comparação ou analogia" (eventualmente encerrando um preceito religioso ou moral), quer "o lugar geométrico dos pontos num plano, cujas distâncias a um ponto fixo e a uma recta fixa são iguais".[142] As mulheres, os poetas e os bobos, espécies votadas frequentemente a uma ausência de poder político (a gestão da cidade, da *Polis*), habituaram-se há muito a lidar com as ditaduras, com a arbitrariedade e a violência do poder. Sem dúvida por isso se especializaram em poderes paralelos, ou melhor, parabólicos.

---

[140] Almeida GARRETT – *Obras de...*, 2 vols, Porto, Liv. Lello & Irmão, s.d., vol. II, p. 1788.

[141] Marquês de FRONTEIRA [e d' Alorna] – *Memórias do.....ditadas por êle próprio em 1861*, revistas e coordenadas por Ernesto de Campos de Andrada, Coimbra, Imprensa da Universidade, 1926-1928, 5 vols.. Utilizou-se a ed. fac-similada, Lisboa, Imprensa Nacional– Casa da Moeda, 1986, Parte II, p. 296. Algumas destas questões sobre os salões literários portugueses da segunda metade do século XVIII, se encontram mais desenvolvidas no nosso "Ir para fora cá dentro: o salão setecentista e a emancipação da mulher", apresentado no Colóquio "Representações da Família nas Ciências e nas Artes", FLUP, 14-16 de Novembro de 2007, e em fase de publicação.

[142] "Parábola" in *Dicionário Houaiss da Língua Portuguesa*, Lx. Instituto António Houaiss de Lexicografia/ Círculo de Leitores, 2003, p. 2754.

Em todas as significações, a parábola lança (*balein*) ao lado (*para*): não directamente, mas equacionando uma função. E o *texto* que resulta das palavras é igualmente um *textus*, um tecido, cruzamento potencialmente infindável de fios paralelos e curvos. Não é por acaso que Penélope vai iludindo com uma tapeçaria os seus pretendentes, e a morte de Ulisses: Penélope é uma versão grega da Xérazade que vai iludindo o seu pretendente, e a sua própria morte, com a narrativa de histórias cruzadas. Ou que Ariana ajuda Teseu com um simples novelo: o verso na poesia, e o fio condutor na narrativa, são a parte evidente de uma leitura sintagmática (a sequência das palavras) que esconde os fios da leitura paradigmática (a remissão para outras palavras e outros textos) que nos pedem e permitem sair do texto. Ou que Aracné é castigada por Minerva, ao ter ousado desafiar os deuses com a criação de uma tela: imitou demasiado bem os deuses.[143] Todas elas são aranhas que lançam fios e laçam moscardos.

Leonor de Almeida, encarcerada no convento de Chelas, deixa-se arrastar pela imaginação mítica. Ao bordar os canhões da casaca do Conde dos Arcos, maravilhada com a perfeição que saía das suas próprias mãos, imagina que, com aquele dom, poderia mascarar-se de simples vendedora e, impressionando o rei, este lhe pagaria satisfazendo um desejo: e este seria a libertação do pai. O mesmo sucede com umas poesias que pensa fazer chegar à corte para comover o rei: também estas procurariam amolecer a dureza da sentença real. Aracné seria Leonor, e o Rei seria aqui um deus, comovido e compassivo. O bordado (o dom) seria o texto (bagatelas valorizadas) que convenceria o deus (/rei) a dar aos humanos um bem maior: a liberdade.

"Lembrou-me bordá-la de pérolas e, com a perfeição de que são capazes as minhas mãos, fazer com que a aceitasse o apetite de El-Rei (que gosta muito destas bagatelas;"[144]

---

[143] Sobre alusões e textos literários baseados na associação entre a aranha e a figura do poeta/ romancista, leia-se com prazer e utilidade, Hugues LIBOREL – "Les Fileuses", in *Dictionnaire des Mythes Littéraires, nouvelle édition augmentée*, dir. Pierre Brunel, s. l., Editions du Rocher, 1988, pp. 612 e ss., e Ana Luísa AMARAL/ Rosa Maria MARTELO – "Aranhas e Musas : representações de poeta, subjectividades e identidades na poesia", in *Textos e Mundos em Deslocação. Cadernos de Literatura Comparada* 14/15, [Porto], 2006, pp. 31 e ss., este último construído a partir da concepção romântica do artista.

[144] Leonor de ALMEIDA – *Inéditos. Cartas e outros Escritos*, selecção, prefácio e notas do Prof. Hernâni Cidade, Lisboa, Sá da Costa, 1941, "A enclausurada de Chelas", p. 40.

As Parcas fiam (Clotho), desfiam (Lachesis), cortam o fio (Atropos), a linha da vida dos homens e dos deuses. Como se toda a nossa existência fosse uma continuidade daquele cordão umbilical que nos uniu e nos separou da nossa mãe, origem feminina do mundo e de cada um de nós. A deusa Atena substituiu a serpente do seu emblema original por uma roca, um fio e um fuso,[145] como se essa substituição simbolizasse também a continuidade e a dissimulação dessa continuidade. A serpente, animal das forças vitais, inconscientes. O fio enrolado como trabalho artificial, racionalização da vitalidade.

Problema 12.
É o recato virtude ou prisão voluntária?

Julgamos necessário referir esta estratégia nas circunstâncias que aqui analisamos: o espaço do convento como espaço de prisão e espaço de libertação.

É significativo que muitos estrangeiros estranhem o recato das mulheres portuguesas. Muitas vezes, parecem comportar-se de forma tipificada, "como ovelhas que se juntam por medo da chuva":

> "Toutes les dames s'y sont comportées comme a l'ordinaire, premièrement toutes ensemble entassées dans un coin comme des moutons qui ont peur de la pluie".[146]

> "Os portugueses não passeiam e as portuguesas ainda menos. (...) As mulheres que não possuem carruagem frequentam pouco os espectáculos".[147]

Talvez se deva complementar esta perspectiva com o ponto de vista de um português. Sensivelmente para a mesma época, o Abade de Jazente afirmava escandalizado:

---

[145] Hugues LIBOREL – "Les Fileuses", in *Dictionnaire des Mythes Littéraires, nouvelle édition augmentée*, pp. 616-617.

[146] Goubier de BARRAULT – *Maço de cartas de....*, Ms. BNL, Bibl. Pombalina, Maço 6, PBA 619, Carta de 9/2/1771.

[147] J. B. F. CARRÈRE – *Panorama de Lisboa no Ano de 1796*, trad., pref. e notas de Castelo Branco Chaves, Lisboa, Biblioteca Nacional, 1989, pp. 31 e 43. Sobre os diferentes julgamentos do visitante estrangeiro, v. Piedade Braga SANTOS *et alii* – *Lisboa Setecentista vista por estrangeiros*, Lisboa, Livros Horizonte, 1987, máx. pp. 53-74.

"Huma mulher de bem, em outra idade
Raras vezes em publico se via;
Hoje se mostrão todas, que seria
O nunca aparecer, rusticidade".[148]

Sendo impossível averiguar com rigor sobre a veracidade de tais testemunhos contraditórios, pressupomos que ambos teriam razão: os parâmetros eram simplesmente diferentes e diferentes as sensibilidades ao grau de liberdade feminina observada.[149] Não encontramos no Portugal setecentista (talvez não encontremos até no oitocentista) a incitação à revolta, publicada, em Inglaterra (1792), por Mary Wollstonecraft, naquela *Vindication of the Rights of Woman*, um claro Manifesto de Libertação Feminista:

– "Yes, injured woman – rise, assert thy right!"

Quando com ela comparada, Gertrudes Margarida de Jesus, autora da *Primeira e Segunda Carta apologética em favor e defesa das mulheres*, ainda que saídas 30 anos antes, em 1761, parece-nos frouxa, apesar de corajosa. Gertrudes Margarida de Jesus joga à defesa mais do que ao ataque:

"Não quero [...] lembrar a V. C. a nenhuma frequência que as mulheres tem das Cortes, das Aulas, e das Universidades, que he aonde se avultão as letras, e apurão os engenhos [...]".[150]

Por paradoxal que nos pareça, devemos buscar nos discursos masculinos as mais inflamadas defesas (ainda que também defesas) dos direitos das mulheres: citem-se os exemplos de Verney e Ribeiro Sanches. Em 1785, é oportunamente reeditada uma obra de Rui Gonçalves, *Dos privilegios & praerogativas q.*

---

[148] Abade de JAZENTE – *Poesias*, I, 182. Usámos a edição *Poesias, texto integral da primeira edição*, incluindo os dois tomos, com um ensaio de Miguel Tamen, Lisboa, Imprensa Nacional-Casa da Moeda, 1985.

[149] Cf. os estudos de Teresa BERNARDINO – *Sociedade e Atitudes mentais em Portugal (1777-1810)*, Lisboa, Imprensa Nacional-Casa da Moeda, 1986, pp. 114 e ss., e sobretudo Maria Antónia LOPES – *Mulheres, espaço e sociabilidade. A transformação dos papéis femininos em Portugal à luz de fontes literárias (segunda metade do século XVIII)*, Lisboa, Livros Horizonte, 1989, com outros exemplos.

[150] Gertrudes Margarida de JESUS – *Primeira Carta apologética, em favor e defensa das mulheres, escrita por...*, Lisboa, Off. Francisco Borges de Sousa, 1761, p. 8.

ho genero feminino tem [...]¹⁵¹ (refira-se também que o original era do século XVI). Em Junho de 1794, a Real Mesa Censória dá parecer favorável à edição de *O Amigo das Mulheres*. Em todas é evidente um narrador de voz masculina que oferece ao género oposto um genuíno, mas ingénuo, direito à paridade.

É pois neste contexto que situaremos as nossas reflexões sobre as mulheres em claustros. Para que possa parecer verosímil que os claustros, os espaços fechados em que se moviam as mulheres, existem muito para além do espaço conventual. Não nos parece inovador afirmar aqui o quanto o espaço conventual pode ser um espaço de criação poética, mais evidente que o espaço doméstico. Vários estudos o têm revelado: persistentes e minuciosos estudos, como os de Ana Hatherly¹⁵² ou os de Isabel Morujão.¹⁵³ Os outeiros eram um espaço público em que, mesmo afastados pela grade e a pretexto de fios de tecidos, fios de textos ou fios de ovos, os dois sexos se podiam encontrar.

Interessa-nos aqui fazer dialogar estes estudos com uma visão-limite: a de Leonor de Almeida, enclausurada no Convento de S. Félix, em Chelas, entre 1759 e 1777, presente nas cartas publicadas desta autora sobre aquele período: *Marquesa de Alorna – Inéditos. Cartas e outros Escritos* e *As Cartas de Lília e Tirse (1771-1777)*.¹⁵⁴

Leonor de Almeida, a futura Marquesa de Alorna, entraria para o Convento de Chelas em 1759, com a idade de oito anos. Não por vontade própria: acompanhavam-na sua mãe, a irmã Maria e o irmão Pedro, na sequência da implicação da família

---

[151] Existe uma edição fac-similada, apresentada por Elisa Maria Lopes da Costa, Lisboa, B.N.L., 1992 que contém a Dedicatória e Prólogo à edição de 1785.

[152] Ana HATHERLY, *v.g.*, *A Preciosa de Sóror Maria do Céu: edição actualizada do códice 3773 da Biblioteca Nacional precedida dum estudo histórico*, Lisboa, Inst. Nac. de Invest. Científica, 1990.

[153] Isabel MORUJÃO, *v.g.*, *Livros e Leituras na clausura feminina de Setecentos*, Separata da "Revista da Faculdade de Letras de Línguas e Literaturas da Universidade do Porto", II Série, vol. XIX, Porto, 2002, pp. 111-170; ou o estudo monográfico *Por trás da grade: poesia conventual feminina em Portugal (sécs XVII-XVIII)*, Dissertação de doutoramento apresentada na FLUP, Porto, Edição do autor, 2005.

[154] Remete este título para duas recolhas de cartas da Marquesa de Alorna: [Leonor de ALMEIDA e Teresa de Mello BREYNER] – *Cartas de Lília e Tirse (1771-1777)* (organização de Vanda Anastácio, Lisboa, Edições Colibri e Fundação das Casas de Fronteira e Alorna, 2007) e Marquesa de ALORNA – *Inéditos. Cartas e outros Escritos*, selecção, prefácio e notas do Prof. Hernâni Cidade, Lisboa, Sá da Costa, 1941.

dos Távoras na tentativa de assassinato do rei D. José. Não deixa de ser excepcional a situação da família: logo em Janeiro de 1759, o Marquês de Alorna tinha sido encarcerado no Limoeiro, sem outra culpa que não fosse o parentesco com os Távoras. Só serão libertados em 1777, ano da morte de D. José I e do desterro do Marquês de Pombal.

Estratégias 19 e 20.
Ler e Escrever, ainda quando impossível

Impossibilitados de se corresponderem durante grande parte desse tempo, os Marqueses de Alorna quase sempre arranjarão maneira de o fazer. São notáveis os artifícios usados, sobretudo pelo Marquês de Alorna, privado frequentemente de tinta ou papel. Todo o papel é aproveitado, lavado e reaproveitado, ele próprio fabrica a tinta vermelha (de pau-brasil, e não de sangue, como se julgou) ou a tinta branca (assim chama à invisível, de limão). Numa sociedade de iletrados (que escolhe para mensageiros), basta escrever em francês para escrever em código, mas avançam-se por vezes formas mais típicas: metáforas, pseudónimos, antonomásias, perífrases, eufemismos, então e hoje, por vezes difíceis de identificar.[155] E qualquer leitor daquelas cartas que ele vai trocando com sua mulher e filhas não deixará de se impressionar pelo cuidado que ele sempre coloca na educação dos filhos, preocupando-se com que não lhes faltem bons mestres e bons livros.[156] Talvez daí derive uma primeira premissa sobre o nosso assunto: nas mais terríveis formas de clausura, descobre o homem (ou a mulher) formas de o romper, assim a sorte o deixe, o engenho o inspire e a persistência o acompanhe.

Alguma sorte, bastante engenho e regular persistência, eis o que parece também nunca faltar à jovem Leonor. Ao contrário do que se poderia julgar de uma educação feminina corrente, Leonor interessa-se por variadas matérias, da história à filosofia, da política à poesia, da religião à medicina. E lê por vezes mais do

---

[155] Sobre estes dados, Vanda ANASTÁCIO – *Quando o papel interfere com a escrita: reflexões sobre alguns autógrafos do Segundo Marquês de Alorna,* in "Veredas", nº 8, Porto Alegre, 2007, max. pp. 82-3.

[156] Sobre estes dados, Vanda ANASTÁCIO – *Quando o papel interfere com a escrita...*, p. 87.

que aqueles autores que o seu Pai julga recomendáveis, conhece autores proibidos pelo Índex, como Rousseau, ou Voltaire, anota-os, discute-os e divulga-os entre as noviças ou recomenda-os à sua amiga Teresa de Mello Breyner, Condessa de Vimieiro, dama casada e frequentadora da Corte.

A esse propósito, Leonor muitas vezes surpreende a sua amiga, não só pelas leituras que tem (por vezes comuns), mas por aquelas que mais aprecia: louva Montesquieu, Marmontel, D'Alembert, Richardson, recomenda Young, Harvey "e todos os melancólicos".[157] Na sua correspondência com Teresa de Mello Breyner, vai Leonor falando de uma academia que formou com algumas freiras e noviças, a que chama também *Leituras e Conferências Literárias*.[158] Sublinhe-se a leitura dos poetas setecentistas ingleses, lidos no original por Leonor, e por ela recomendados a noviças de 14 e 18 anos, que torna suas discípulas na academia:[159]

> "Os Poetas em que te falei, é certo que nas suas línguas serão incomparáveis. Quando traduzidos não fazem tanta figura. Conheço Pope na língua inglesa e na francesa e é certo que a tradução de M. du Resnel sendo muito bonita dista bastante do assombro que me parece o original, eu estimaria que tu o visses ao menos na l'ingua francesa [...], um não sei quê me atrai para os Ingleses, o carácter pensativo destes é coisa que me agrada muito [...]".[160]

Comenta Teresa, classificando estrategicamente tal aprendizagem como divertimento, e crendo-a fruto de dissabores políticos:

> "Dizem-me que aprendes, e falas Inglês; estimo que nisso te divirtas, mas não aprendas só essa Língua, que poderá haver também motivo para algum mistério; a Latina merece a tua aplicação, e com ela cessará o mistério que poderia achar-se na Inglesa".[161]

---

[157] [Leonor de ALMEIDA e Teresa de Mello BREYNER] – *Cartas de Lília e Tirse (1771-1777)*, Carta de Lília a Tirse, 17/5/1774, p. 72 *et passim*.
[158] *Ibidem*, pp. 67, 72, 73, 106, 110, 127, 130.
[159] *Ibidem*, pp. 72-3.
[160] *Ibidem*, pp. 4-5.
[161] *Ibidem*, p. 3. Em Carta de 31 de Janeiro, a mesma reforça: "O mistério da Língua Inglesa, não deve confiar-se de uma carta cujo destino é incerto. Não é preciso que deixes

Há aqui uma diferente prudência.[162] Mas talvez se deva arriscar ver também uma diferente sensibilidade, ainda que decorra dessa mesma imprudência. Leria Leonor Montesquieu e Young como leu, se estivesse na corte, à sombra protectora do rei? Talvez não. Presa no claustro, Leonor de pouco mais sente que pode ser privada. A Literatura é a sua Utopia, o seu reino inacessível, o mundo em que não pode entrar quem a meteu atrás da grade. A Literatura pode ser incarnada. À advertência do Arcebispo, que na grade a ameaçou de fazer dela queixa ao marquês de Pombal, respondeu com uns versos de Corneille:

"Le coeur d'Elonore est trop noble et trop franc
Pour craindre ou respecter le bourreau de son sang".[163]

A 14 de Fevereiro de 1775, Lília sente que a Literatura lhe permite brincar com o fogo. Paga alguma ambiguidade com alguma impunidade. Mas, entretanto, alguns sentidos vão escapando.

"Sei que a tua estimável carta foi vista pelo P... No artigo 'Poesia' extasiou-se, e desagradou-lhe muito este Paganismo. Porém como Apolo não está sujeito à jurisdição eclesiástica, não temos nada feito. Eis aqui quando o *Lutrin* me parece uma obra divina".[164]

Presa, Leonor descobre na Literatura uma liberdade insuspeita. A que a leva a desafiar a ordem, quer a ordem de Pombal, quer a de ordem da arte poética (e esta liberdade até os preceitos e a obra de Boileau lha ensinaram). É essa liberdade insuspeita que lê nas sublimes irregularidades de Young.[165]

De uma diferente sensibilidade (distinta para quem está preso e para quem está livre) dão aberto testemunho duas cartas trocadas em Outubro/ Novembro de 1775. Teresa de Mello

---

a aplicação, e é excelente a resolução de aprender Latim com o mesmo Mestre; talvez isso basta." (*Ibidem*, p. 11).

[162] Teresa Sousa de Almeida (introd.) – *Cartas de Lília e Tirse (1771-1777)*, p. XXXII.

[163] Marqueza d'ALORNA – *Obras Poéticas de D. Leonor d'Almeida Portugal Lorena e Lencastre, ...*, 6 vols., Lisboa, Imprensa Nacional, 1844, vol. I, p. XIX.

[164] [Leonor de ALMEIDA e Teresa de Mello BREYNER] – *Cartas de Lília e Tirse (1771-1777)*, Carta de Lília a Tirse, 14/2/1775, p. 94.

[165] *Ibidem*, Carta de Lília a Tirse, 15/1/1771, p. 6.

Breyner, de fora do convento, vai avisando Leonor sobre os "maus livros" que esta aprova, e comenta:

> "Não leio Montesquieu. Já folheei por ele, mas... quero-te dizer tudo: a minha Teologia faz-me observar todas as Leis que estão em seu vigor. Em saindo um Edital Censório com a voz d'Elrei entregam-se quantos livros ele me proíbe".[166]
> "A sentença que tu dás ao desprezador das mulheres, horroriza-me quanto à sua proposição: este moço não me é indiferente: choro nelle uns excelentes princípios estragados pela lição de maus livros (perdoa-me) são desses que tu aprovas".[167]

Na carta anterior, Leonor escrevera a Teresa:

> "Eu sinto que tu penses que sou apaxonada [sic] por homens que tem contrários poderosos e por princípios de religião. Estimo os grandes escritores deste século como merecem ser estimados, por quem não é indiferente à opinião. Estimo-os, porque não conheço as obras escandalosas que eles tem [...]. Se acham caluniados e desprezados por pessoas que os não leram, e que pelo seu entendimento mereciam a felicidade de os ler".[168]

Movida pelo mesmo desejo de liberdade, Leonor lhe recomendara, meses antes, talvez as *Mélanges* de D'Alembert:

> "Saíram dois volumes de fragmentos Filosóficos extraídos das obras de todos aqueles que tu receias ler, mas que leras com gosto se não atentassem contra os teus princípios sublimes. [...] Se tu quiseres ver isto, eu terei o gosto de tos imprestar, e com ordem tua irão no primeiro correio".[169]

> "Com as tuas ordens mandarei os livros que quiseres e se eu ao menos pudesse fornecer-te de cá o secorro das novidades teria nisso grandessíssima consolação".[170]

---

[166] [Leonor de ALMEIDA e Teresa de Mello BREYNER] – *Cartas de Lília e Tirse (1771-1777)*, p. 116.

[167] *Ibidem*, Carta nº 56, de Tirse a Lília, p. 117.

[168] *Ibidem*, Carta de Lília a Tirse, 24/10/1775, p. 113.

[169] *Ibidem*, Carta de Lília a Tirse, 14/3/1775, p. 98.

[170] *Ibidem*, Carta de Lília a Tirse, 22/3/1775, p. 99.

Tinha a livraria do marido de Teresa de Mello Breyner, Conde de Vimieiro, fama de ser bem provida. Na Caixa 12 da Real Mesa Censória, se guarda o pedido do Conde para possuir livros proibidos:

> "Diz o Conde de Vimieiro, que na livraria da sua casa tem alguns livros dos proibidos pelos Editais desta Real Mesa, os quais deseja conservar e ler para sua maior instrucção, e porque o não pode fazer sem licença de S. Mag.e, pede a V. Mag.e seja servido conceder-lhe a licença, de que necessita".[171]

Obviamente nos poderemos perguntar como poderiam tais livros circular tão abertamente num convento feminino? Leonor de Almeida possuiria talvez um estatuto particular no convento. Fala da sua "casa dos livros".[172] E de como o irmão a ajudava pedindo licença para também ela poder ler livros proibidos.[173] Mas mais natural será perguntarmo-nos: qual delas vivia em maior prisão?

Quem vive em liberdade vive no medo do que pode perder, e não vive o que tem.

Quem vive encarcerado perdeu todo o medo, ao perder o medo de perder o que tinha.

O pior medo é ter medo.

---

[171] Pedido transcrito por Raquel Bello Vasquez in [Leonor de ALMEIDA e Teresa de Mello BREYNER] – *Cartas de Lília e Tirse (1771-1777),* Carta de Tirse a Lília, Out./Nov. 1775, p. 116, nota c.

[172] *Ibidem,* Carta de Lília a Tirse, 28/3/1776, p. 127.

[173] Marquesa de ALORNA – *Inéditos. Cartas e outros Escritos,* selecção, prefácio e notas do Prof. Hernâni Cidade, Lisboa, Sá da Costa, 1941, p. XII.

Táctica VI – O silêncio, talvez

Sobre alguns ruídos do Silêncio

Há muitos anos já, intrigou-nos um manuscrito volante do dramaturgo Manuel de Figueiredo, em que o autor se lamentava das cedências feitas ao silêncio em palco, apesar de considerar de mau gosto tais situações dramáticas. Se o silêncio acentuava o carácter das personagens, o seu abuso podia degenerar em defeito.

> "Esta he a terceira vez que deixo o theatro em silencio neste Dramma; e como cahi no mesmo defeito em outros por sacrificio a Verisimelhança (...) devo advertir os Comicos de que, nestes momentos, não só affeitem a pantomima e a carreguem, como dizem os italianos, quanto o permittir o Caracter das personagens, e a paixão; mas encurtem quanto for possivel aquelles instantes em que o theatro fica em silencio".[174]

Estratégia 21.
Acentuar tonicamente o silêncio

A eficácia ou o incómodo do silêncio não são, certamente, exclusivos de nenhum século, de nenhum autor, de nenhuma obra. Fazem parte da comunicação entre os homens, em que o que se diz conta tanto como o que se esconde, ou conta até mais porque se esconde. Mas esse texto não deixou de nos alertar também para a dúplice retórica do silêncio: o silêncio, tal como

---

[174] Manuel de FIGUEIREDO – *Poesias e outros textos*, BNL, COD 12925, s.p., folha solta, cortada em oitavo.

a palavra, é uma opção retórica: por vezes eficaz, outras vezes impossível.

Como espaço de convergência, ou divergência, o século XVIII não deixa de ser percebido como um espaço de contradição/contraposição/compromisso.[175] Nas academias do Iluminismo, discute-se o valor político da palavra e do silêncio: numa sessão da Academia dos Ocultos, de 16 de Julho de 1750, se coloca o problema de demonstrar que "o saber fallar não he tão necessario a hum Príncipe como o saber calar".[176] Do ponto de vista filosófico-científico, o século XVIII é um cruzamento do racionalismo com o empirismo,[177] representando aqui o empirismo a criação do mundo a partir do silêncio. Ao "no princípio era o verbo", a filosofia de Locke contraporá um universo em que o princípio é uma *tabula rasa*, um silêncio.[178] Nos finais do século XVIII, o poder cada vez maior da imprensa convive com o cansaço dos livros e das bibliografias. O Abade Dinouart, tal como entre nós o Pe. José Agostinho de Macedo, não só escreve muito, como escreve contra a proliferação da escrita:

> "Se toda a gente escrever e se tornar autor, que faremos de todo este espírito e de todos estes livros que temos em superabundante excesso, de que estamos inundados, submersos? Numa palavra, quando tudo tiver sido dito, sobre quê poderá o espírito humano exercer a sua actividade? Quando tudo estiver pensado, tudo tiver sido dito, recomeçaremos,

---

[175] Cf., *v.g.*, Jean EHRARD – *L'idée de nature en France à l'aube des Lumières*, Paris, S.E.V.P.E.N., 1963, reed. Paris, Flammarion, 1970, max. p. 417.

[176] João PALMA-FERREIRA – *Academias Literárias dos Séculos XVII e XVIII*, Lisboa, Biblioteca Nacional, 1982, p. 59.

[177] CF., v.g., Umberto PADOVANI, Luís CASTAGNOLA – *História da Filosofia*, com o estudo "O problema da História da Filosofia" de Artur Versiani Velloso, 12ª ed., S. Pasulo, Ed. Melhoramentos, 1978, pp. 355 e ss., nomeadamente a apreciação sobre a filosofia kantiana, p. 359.

[178] Talvez mais válida para a cultura francesa do que para a cultura portuguesa, em que a descoberta de Descartes parece quase tão vanguardista quanto a leitura de Locke, aqui transcrevemos a síntese de Georges Poulet, ao apreciar o pensamento indeterminado do século XVIII: "Aux yeux du XVIIIe siècle, tout commence par une sorte de léthargie. Ou plutôt l'on suppose chez le sujet premier de toute expérience, non une façon d'être originelle, un état positif de la pensée ou du sentiment, mais juste l'inverse, un état sans caractéristique aucune, n'existant que dans une vacuité totale de l'esprit » (Georges POULET – *La pensée indéterminée. I. De la Renaissance au Romantisme*, Paris, PUF, 1985, p. 137.

como já fazemos desde tempos imemoriais, a pensar ainda, a dizer de novo as mesmas coisas".[179]

Que diriam eles da nossa "sociedade da informação", dominada pela manipulação da linguagem, de sujeitos-leitores asfixiados pelas imagens? E todavia, também entre nós há um silêncio falado, transcrito, reflectido, cujos signos antevemos, ainda que como sombras, na nossa literatura das luzes.

Do ponto de vista da leitura, o silêncio apresenta um contraditório desafio. Evidencia um sentido que significa por ausência do significante e que, aparente paradoxo linguístico, valoriza o som através da pausa, o signo através da elipse. Mas no quotidiano comum, dito não-literário, o silêncio passa despercebido. Não porque não exista, mas porque se não fala sobre ele: tautologicamente, não há nada mais silencioso que o silêncio. Eclipsa-se o discurso sobre a elipse, não se fala do que se não deve, não pode ou não quer falar. Excepção a esta regra quase só os tranquilos provérbios populares, ou aforismos eruditos, com que justificamos o consequente silêncio, porque os provérbios e aforismos, no registo da linguagem comum ou da citação erudita, dispensam explicações, explicados que estão pela tradição, pela autoridade e legitimidade do tempo. Por eles se torna o silêncio uma forma de sabedoria:

> "'A palavra é de prata e o silêncio é de ouro' (Disse o Filozofo Simmiades que muitas vezes se arrependera de haver fallado, de se ter callado nunca; e Pitágoras obrigava os seus discípulos a somente ouvir, durante cinco anos, antes de terem a autoridade de falar). 'A bom entendedor meia palavra basta' (e a teologia gentílica casou Mercúrio com a Deusa Tácita, ou Muda, e fez nascer deles os Deuses Tutelares dos Antigos). 'Onde vai mais fundo o rio, aí faz menos ruído' (ou, citando Curcio, 'altissimo flumino, minimo sono labuntur').[180] Desconfia-se da palavra dita como da

---

[179] Abade DINOUART – *A arte de calar*, trad. Telma Costa, Lisboa, Teorema, 2000, p. 44.
[180] Os aforismos eruditos são quase todos retirados de Raphael BLUTEAU – *Vocabulario Portuguez & Latino...*, Lx., Off. Pascoal da Sylva, 1720, vol. VII, pp. 643-4 e do seu *Supplemento*, editado em Lisboa Occidental, Patriarcal Officina da Musica, 1728, pp. 342-3.

palavra escrita, porque 'palavras e penas leva-as o vento': *verba volant*".[181]

O provérbio, como o aforismo, é uma filosofia do mito. E a filosofia do mito nem sempre convive harmoniosamente com a filosofia do *logos*, que é, oficialmente, a nossa. O silêncio é o domínio da "crença" e, por extensão, do "religioso" e "innommable". A obra de Dionísio Areopagita (*Theologia mystica*) descreve a divindade como oxímoro de uma ausência, "escuridão luminosíssima do silêncio". Os textos seiscentistas diziam ser o silêncio "a Rhetorica dos Anjos & a eterna eloquencia da divindade". Mas pouco se discute o silêncio fora deste âmbito, o do mistério sacralizado.[182]

O silêncio é um universo lunar: "per amica silentia lunae", escreveria Vergílio. O silêncio, como a lua, pode ser cúmplice, mas peca somente por omissão, não toma parte activa.

Por oposição, a palavra é solar. Por ela, a literatura se percebe como densa, "cheia", motivada e intencional. No reino da palavra, o silêncio é quase sempre inesperado: se existe é, desde logo, como estranhamento.

O texto procura "a palavra certa": não só materializa invariavelmente o significado, como semantiza até o significante: ou seja, dá significação ao simples som ou imagem de uma palavra. A cultura ocidental, criada pela ágora grega e no *forum* romano, acredita no poder da palavra e remete-nos para uma cultura humanista, em que o homem se distingue do animal pelo uso da linguagem; uma cultura em que a comum associação da literatura ao "canto", "à dispersão das palavras ao vento" ou "pelo mundo", evidenciada pela literatura do século XVI, parece ne-

---

[181] O que não quer dizer que se não possam encontrar exemplos contrários aos *supra* indicados: "Salvo está quem repica os sinos", "Quem não chora não mama", "De pessoa calada afasta a tua morada", "Quando o rio não faz ruído não leva água ou vai crescido"...

[182] Raphael BLUTEAU – *Vocabulario Portuguez & Latino*..., Lx., Off. Pascoal da Sylva, 1720, vol. VII, pp. 643. Ainda que se "é um lugar-comum afirmar que a filosofia instituiu uma passagem do "Mito" ao "Logos", talvez seja mais importante salientar a névoa que cobre este "local de passagem" (...). O que o pensamento filosófico faz, nas suas origens gregas, é "naturalizar" progressivamente o problema, fazendo um esforço para separar o domínio do "Logos" do espaço das "Divindades", que se desloca para o domínio das convicções íntimas de cada um". Cf. Levi António MALHO – *As origens do silêncio. Sobre o que não sabemos*, Sep. "Trabalhos de Antropologia e Etnologia", Porto, 1998, vol. XXXVIII, nº 3-4, p. 31. Cf. igualmente Álvaro GOMES – *Do som (didáctico) do silêncio ou.. do mito da esfinge e da maiêusis como logro*, Lisboa, Didáctica, 2000.

cessariamente passar pela reavaliação do papel da Retórica e da Literatura:

> "Nous sommes à l'intérieur de l'idée selon laquelle la finalité du langage est de produire littérature, au sens de discours assertifs, qui sont orientés pour provoquer l'intérêt d'un auditoire".[183]

E todavia, a literatura não é sinónimo de linguagem. É concebida, desde logo pelo primeiro texto ocidental que sobre ela reflecte, a *Poética* de Aristóteles, uma verbalização do universal, um *logos* do *mitos*, e a ligação da tragédia ao mito parece alargar-se a outras artes:

> "o mito é o princípio e como que a alma da tragédia: só depois vêm os caracteres. Algo semelhante se verifica na pintura".[184]

Estratégia 22.
Olhar o que se diz para não se olhar o que se faz

Sendo assim, talvez devamos começar precisamente por uma aparente contradição: pelo facto de, no mundo profano do *logos* e da palavra, a literatura consubstanciar uma aprendizagem sobre o poder do mito e do silêncio,[185] precisamente através do indelével estranhamento que ele nela provoca. Até quando, ou sobretudo quando, reproduz densamente a nossa linguagem comum, coloquial, que tendemos (que ilusão!) a julgar "cheia" e "transparente". Insinuar, não dizer explicitamente, pressupõe e nega a cumplicidade. Diz o preceito: "que pequei por pensamentos, palavras, actos e omissões". Por tudo se pode pecar e o mais problemático para o crente são sempre os pensamentos e as omissões, por oposição ao ritualista que só confessa palavras e actos.

---

[183] Jorge Alves OSÓRIO – *A propos de l'emploi de 'grito/gritar' dans la poésie lyrique de Luis de Camões in* "Langage et Vérité. Etudes offertes à Jean Claude Margolin... ", ed. Jean Céard, Genève, Droz, 1993, p. 255.

[184] ARISTÓTELES – *Poética*, trad., pref., introd., coment., apêndices Eudoro de Sousa, Lx., IN-CM, 1986, p. 112.

[185] Como sinal da proximidade entre a linguagem literária e a linguagem religiosa, cf., a título de exemplo, não só a história hermenêutica como a classificação partilhada por ambas de "linguagens secundárias (sistemas de modelização secundários)", na terminologia de Lotman (Iuri LOTMAN – *A Estrutura do texto artístico*, trad. Maria do Carmo Raposo e A. Raposo, Lx., Estampa, 1978, p. 37).

O problema é que, em ambos, há pensamentos que não é decoroso colocar em palavras, como há palavras que nunca se podem transformar em actos, e actos que se resolvem por omissão.

"– Olha que não era mau se...
– Vê lá então agora...
– O pior é...
– Pois sim, eu não digo que...
– Mas eles já..? Sim..?
– Não, porém...
– Então quem sabe se...
– Isto é... até certo ponto...
– É verdade que também...
– Sim, pois está claro, e...
– E mau era que já...
– Com certeza, demais...
– Agora o que é preciso é...
– Isso com o tempo... bem vês que..."

E logo, nesta passagem, um narrador omnisciente intervém, afirmando faltar o que, paradoxalmente, ele acabará por identificar, suprindo afinal a falta:

"Não sei se o leitor penetrou bem o sentido deste diálogo, cortado de expressivas reticências e ao qual falta, para o interpretar, a eloquência do olhar e dos gestos que os dois cônjuges trocavam entre si. É certo que eles se compreenderam assim, e largas horas ficaram discutindo os teres e haveres de Daniel e as probabilidades e vantagens de uma união entre a casa dos Esquinas e a dos Dornas, as quais, com os anos, podiam fornecer sofríveis elementos para a confecção de um brasão heráldico".[186]

Ora as tiranias, até porque se rodeiam frequentemente de um rígido sistema legal e moral, acabam involuntariamente por encorajar este espaço do sugerido, do não dito, do que não se pode dizer. As tiranias fazem actores, fazedores de acção sob máscara (hipócritas). Não se diz o que se pensa e faz-se o contrário daquilo que se disse. A intenção última é todavia "honesta" e recta: faz-se aquilo que se pensa.

---

[186] Júlio DINIS – *As pupilas do Senhor Reitor*, "Obras Completas", Lisboa, Círculo dos Leitores, 1992, p. 172.

Numa extraordinária reflexão sobre o estatuto feminino, desenvolvida na peça *A Grifaria*, Manuel de Figueiredo coloca essa estratégia na boca de várias mulheres que, posteriormente, explicam aos maridos como puderam fugir à sua prepotência.

"– Eu creio lá nisso de dizer que a mulher/ hade fazer aquilllo que o marido quiser [...]. Somos irracionaes? Somos catia ou mono,/ animal que se prenda à vontade do dono?"

E Fulgência prova com simplicidade a Cylindro que a vida no convento, em que ele a enclausurou, pode ser mais livre que o Passeio Público. Mentir é fácil e sempre um recurso, que sempre se pode legitimar pela tirania. Torna-se uma espécie de "direito de resistência", salvaguardado pela legislação corrente.

"Finji que hia rezar, chamo o Page, sahi".[187]

Pelo meio fica a palavra-muralha e não ponte. Entre o pensamento e a palavra e entre a palavra e a acção cria-se um sentido opaco que desvia a transparência que está pressuposta na linguagem comum. Com efeito (que ingenuidade), define-se muitas vezes a linguagem comum por oposição à linguagem literária, opondo-se nelas a objectividade e denotação à subjectividade e conotação. Não admira por isso, que durante as ditaduras, censores e censurados, todos se tornem poetas, seres atentos à ambiguidade dos sentidos literais, ainda que uns com mais arte do que outros. A elipse como a ironia (aliás, ambas presentes neste texto de Júlio Dinis) reforçam uma retórica que, mais do que textual é contextual, remetendo para estruturas *in absentia*. Sobre ambas, perdido ou mudado que pode ser o contexto de leitura, pende uma terrível espada de Dâmocles: a da incompreensão, a da "impenetração" nos sentidos de um texto "cortado de expressivas reticências". Compreende-se a razoabilidade da junta militar argentina que proibia a leitura do Dom Quixote por a considerar subversiva. Ela é subversiva. O problema é que toda a linguagem o pode ser: quer porque foi intenção do autor, quer por intenção dos leitores. E ter-se-ia de castigar ou amordaçar todas as crianças gulosas que no Natal afirmam gostar de sonhos.

---
[187] Manuel de FIGUEIREDO – *Theatro*, Lisboa, Imp. Regia, 1804, "A Grifaria" (sem indicação de data), III, 3.

Na elipse, como na ironia, toda a cumplicidade entre o autor/narrador e os seus leitores/narratários é intensa e breve, profunda e frágil. Encontre-se ela num drama de Sófocles,[188] num poema medieval[189] ou na encenação heteronímica de Pessoa,[190] síntese contemporânea do modo dramático com o modo lírico.[191] Sempre o objecto real, multifacetado, se escapa, impossibilitando o realismo ou a objectividade da linguagem: "nunca poderemos *saber*, por um conhecimento originário realizado numa multiplicidade *finita* de actos, *como* é que determinado objecto é constituído sobre *todos* os aspectos; uma maioria considerável das suas qualidades fica-nos sempre oculta".[192]

Nesse aspecto, todo o escritor ambiciona ser, através do "logos", um criador de "mitos".

"Pára na dúvida, e o rosto se confrange
no sempre nebuloso entendimento.
Onde se lê 'cordeiro' não é cordeiro;
Onde se lê 'pastor' não é pastor".[193]

O silêncio das palavras que não dizemos é o espaço do mistério, do incompreensível, intransmissível e, por isso, indizível: o espaço que nos separa da tirania da linguagem. Por isso é uma forma de resistência.

---

[188] Marta VÁRZEAS – *Silêncios no teatro de Sófocles*, tese de mestrado em Literaturas Clássicas, apresentada à Faculdade de Letras da Universidade de Coimbra, Coimbra, 1992.

[189] Carlos CARRETO – *Figuras de silêncio. Do interdito à emergência da palavra no texto medieval*, tese de mestrado em Literaturas Comparadas, apresentada à Universidade Nova de Lisboa, Lisboa, 1994.

[190] Maria de Lourdes S. Cidraes VIEIRA – *Do silêncio da voz às vozes do silêncio: o Fausto de Pessoa e a encenação heteronímica*, tese de mestrado em Literaturas Comparadas, apresentada à Universidade de Letras de Lisboa, Lisboa, 1986.

[191] "O primeiro grau da poesia lírica é aquele em que o poeta, concentrado no seu sentimento, exprime esse sentimento. Se ele, porém, for uma criatura de sentimentos variáveis e vários, exprimirá como que uma multiplicidade de personagens, unificadas somente pelo temperamento e o estilo. (...) Dê-se o passo final, e teremos um poeta que seja vários poetas, um poeta dramático escrevendo em poesia lírica" (Fernando PESSOA – *Páginas Íntimas e de Auto-interpretação*, org. G. R. Lind e J. Prado Coelho, Lx, Ática, s.d., pp. 106-107).

[192] Roman INGARDEN – *A obra de arte literária*, trad. Albin Beau *et alii*, 2ª ed., Lx., F. C. Gulbenkian, 1979, p. 269, sendo o itálico da edição e o negrito nosso.

[193] António GEDEÃO – *Novos Poemas póstumos*, Lx., Ed. Sá da Costa, 1990, pp. 13-14.

Problema 13.
Quando o silêncio é por demais silencioso [...]

O silêncio tem, todavia, sempre, um problema: a da sua ilegibilidade, a pressuposição de que para toda a linguagem do silêncio deve existir, entre o tirano e o escravizado, uma forma de cumplicidade intuída. Num mundo, de lugares-comuns e de palavras excessivas, Pacheco, satirizado orador e político, era eficaz pelos seus silêncios e sorrisos:

> "Quando os amigos, os partidos, os jornais, as repartições, os corpos colectivos, a massa compacta da Nação murmurando em redor de Pacheco 'que imenso talento!', o convidavam a alargar o seu domínio e a sua fortuna – Pacheco sorria, baixando os olhos sérios por trás dos óculos dourados, e seguia, sempre para cima, sempre para mais alto, através das instituições, com o seu imenso talento aferrolhado dentro do crânio, como no cofre de um avaro. [...] O único recurso que restou então aos devotos desse imenso talento (que já os tinha, incontáveis), foi contemplar a testa de Pacheco – como se olha para o Céu pela certeza que Deus está por trás, dispondo. [...] A sua velhice ofereceu um carácter augusto. Perdera o cabelo radicalmente. Todo ele era testa. E mais que nunca revelava o seu imenso talento, mesmo nas mínimas coisas. Muito bem me lembro da noite (sendo ele Presidente do Conselho) em que, na sala da Condessa de Arrodes, alguém, com fervor, apeteceu conhecer o que S. Ex.ª pensava de Canovas del Castillo. Silenciosamente, magistralmente, sorrindo apenas, S. Ex.ª deu com a mão grave, de leve, um corte horizontal no ar. E foi em torno um murmúrio de admiração, lento e maravilhado. Naquele gesto quantas coisas subtis, fundamente pensadas! Eu por mim, depois de muito esgravatar, interpretei-o deste modo: – 'medíocre, meia-altura, o Sr. Canovas!'. Porque note o meu caro Sr. Mollinet como aquele talento, sendo tão vasto – era ao mesmo tempo tão fino!"[194]

O Silêncio é, por isso, como a Ironia: palavra que diz e esconde. Ou como a Elipse: esconde-se o que não é útil expor. Em

---
[194] Eça de QUEIRÓS – *A Correspondência de Fradique Mendes*, Lisboa, Livros do Brasil, s.d., Carta VIII, seguindo versão da *Revista de Portugal* (1890).

ambos os casos, diz-se a quem quer ouvir e esconde-se a quem não vê. Pactua-se e maldiz-se. São situações-limite na Corte. A porta por onde entramos está tão próxima quanto aquela por onde fugiremos.

No fundo, o silêncio tem os mesmos problemas de ilegibilidade que tem a palavra. É por isso que, por vezes, convém mudar de táctica. Com uma vantagem: o silêncio gera facilmente uma "dúvida razoável". Quem cala consente: quem cala não vence. Ou quem cala não mente: quem cala não sente?

O tirano gosta de palavras reverentes, ainda mais do que de silêncio. Porque duvida sempre da fidelidade dos que o rodeiam.

Num dos mais velhos textos sobre a tirania, *Hierão*, de Xenofonte, o filósofo Simónides diz a Hierão, que o tirano tem a favor do seu estado a maior improbabilidade de ser criticado. Ao que Hierão responde, lembrando-se do medo em que vive:

> "– E que prazer, crês tu, dão ao tirano aqueles que não dizem mal dele, sabendo ele de fonte segura que todos os que se calam o maldizem? Ou então, que pensas que prazer lhe podem dar os que o louvam, quando ele não consegue distinguir o elogio da lisonja?
> [...] E, aliás, quem mais prepara armadilhas aos tiranos é quem melhor os finge amar.
> [...] entre os tiranos, muitos encontrarás que tiveram de mandar eliminar os seus próprios filhos ou que acabaram às mãos dos seus filhos; muitos irmãos que se digladiaram até à morte, muitos morreram também atraiçoados pelas próprias esposas ou por camaradas de julgavam seus admiradores".[195]

Com sorte, o silêncio fá-lo-á pensar. O que não é pouco.

> "Dir-te-ei ainda, Simónides, uma fraqueza que dificilmente os tiranos suportam: não reconhecem menos ou mais homens que são corajosos, hábeis e justos. Mas, em vez de os admirar, temem-nos. Os corajosos sempre podem ter a audácia de afirmar a liberdade; os hábeis de conceber arti-

---

[195] Xenofonte, *Hiérão*, in Leo STRAUSS – *De la Tyrannie*, traduit de l'anglais par Hélène Kern, précédé de *Hiéron* de Xénophon et suivi de *Tyrannie et Sagesse* par Alexandre Kojève, Paris, Gallimard, 1983, p. 12, p. 16 e p. 20, tradução nossa.

manhas, podendo os justos ser desejados para liderar uma multidão. Quando o medo os tiver feito suprimir todos eles, que lhes restará senão confiar nos que não temem o crime, ou a imoralidade ou a escravatura?"[196]

---

[196] *Ibidem*, p. 22.

Táctica VII – Sem dúvida, o riso

Ter Espírito: um reduto de Espiritualidade

Uma ideia surge recorrentemente ao longo das quase duas mil páginas das *Memórias* do Marquês de Fronteira e de Aloma: o do lento desmoronar do mundo que ele conheceu na infância, de um mundo que, não sendo idílico, mantinha coerência, ordem e, por isso também, era harmónico.[197]

Não é surpreendente tal facto. As memórias, suposto espelho de uma vida, são uma demanda do reencontro da ordem, e assim uma hierarquização de factos e personagens segundo o critério do memorialista, irremediavelmente impregnado dos arquétipos de um mundo que foi vendo ruir. As autobiografias transformam a vida numa narrativa literária: raras vezes numa comédia, muitas vezes numa epopeia, quase sempre numa tragédia ou numa versão do Paraíso Perdido.

Esta expressão de aborrecimento do tempo presente, de perda de cor, de vazio de ideias ou de maneiras, de degeneração dos costumes, de decadência,[198] é um lugar-comum muito frequente em todas as épocas e lugares que não estejam arrebatados por um messianismo ou utopismo regenerador, optimista, maximalista – erupções de vitalismo na história dos povos. Assim, a degradação do espírito é um tópico. E o problema do tópico, do argumento, é sempre o seu grau de probabilidade, e não de verdade.

---

[197] D. José Trazimundo Mascarenhas BARRETO – *Memórias do Marquês de Fronteira e d'Alorna*. revistas e coordenadas por Ernesto de Campos de Andrada, 5 vols., Lisboa. Imprensa Nacional-Casa da Moeda, 1986.

[198] Cf., *inter alia*, Julien FREUND – *La Décadence. Histoire sociologique* er *philosophique d'une catégorie de l' expérience humaine*, Paris, Sirey, 1984.

Não nos preocuparemos aqui em averiguar a veracidade ou apenas plausibilidade deste tópico: encaramos o problema na dimensão do imaginário colectivo, não sendo por isso relevante avaliar a verdade histórica do tema da decadência espiritual nas suas diversas vertentes, no ambiente cortês ao longo do século XIX. Interessa-nos a forma de lidar com a visão da decadência das coisas e do mundo, até porque esse envelhecimento das coisas e do mundo parece ser inelutável para o individuo que, com o tempo, passa a ter de lidar com um mundo para o qual não se sente preparado ou do qual se sente cansado.

Por isso nos parece útil um texto como as já referidas *Memórias do Marquês de Fronteira e Alorna*. Este texto é aglutinador de dois pontos de vista num mesmo narrador. O de um cortesão que, sendo Grande do Reino, se impunha o estatuto de cortesão. E o de um Grande do Reino que nem sempre se manteve cortesão, para manter o espírito de nobre.[199] Perante a decadência do mundo e a perda de influência, permanece uma questão: o que nos pode mover ainda, quando tudo parece perdido?

Estratégia 23.
Ser radical: redescobrir as raízes

O nosso vulgar e vulgarizado conceito de Nobreza associa-a à Corte. Não concebemos (senão talvez numa longínqua reminiscência de nobres rurais arruinados) uma nobreza altiva e provinciana, alheia ao inútil borboletar em tomo do Rei-Sol. Não citamos aqui por acaso a antonomásia de Luís XIV: este lugar-comum deriva da centralização e do engrandecimento do

---

[199] Apesar de as Casas de Fronteira e Alorna serem tradicionalmente da Nobreza de Corte (muitos dos seus membros foram vedores régios, recompensados pelos reis pelo apoio dado a D. João IV, no século XVII, ou a D. Pedro IV, no século XIX), e apesar da antiguidade dessa presença na Corte (recorde-se que, segundo a etiqueta de baptizados e funerais régios, D. José Mascarenhas ocupava o segundo lugar no transporte das insígnias), a incompreensão do valor da Casa de Alorna é repetidamente referida. A sublinhá-la o facto de os Marqueses de Alorna terem vivido prolongadamente exilados. O próprio narrador, D. José, sempre teria recusado cargos públicos ou de Corte, tendo sido oficialmente cortesão, pela primeira vez, em 1839, quando a Rainha D. Maria II o nomeou Oficial-Mor da Casa Real, e depois ainda, quando o escolheu para Governador Civil de Lisboa. Foi porém, apesar deste relativo distanciamento da Corte (*et pour cause?*) confidente constante da rainha e assíduo frequentador do paço.

poder real,[200] da própria criação moderna do Estado, enfim, de múltiplos factores que conduziram à "urbanização"[201] e "satelitização" da Nobreza.

No entanto, esta visão da Nobreza, ainda nos nossos dias republicanos, parece ser contrariada por outros lugares igualmente comuns. Desde logo, o apego da Nobreza à tradição, à continuidade, ao valor do hereditário. A ele se acrescenta a vinculação da sua riqueza ao mundo agrário – o que indirectamente contribuirá para acentuar uma identidade telúrica, real ou imaginária.

Estes elementos caracterizadores, genéticos, estabelecem por isso um diálogo algo paradoxal com os elementos caracterizadores históricos, derivados da Época Moderna, quando a domesticação da Nobreza a tornou uma classe passiva, dependente do poder da Corte do Rei. O aristocrata – de *aristos*, etimologicamente, o gume da espada – deixa de viver da sua espada. O Rei passa a proibir os duelos, as guerras entre particulares ou entre famílias, ficando o Estado com o monopólio da violência permitida.[202] A Nobreza embainhará a espada e só a poderá erguer para defesa do Rei. E o nobre viverá doravante no fio da navalha, num equilibrismo difícil entre as suas raízes individualistas, autocráticas, agrícolas, guerreiras (um mundo em que ele era o melhor porque o mais forte, valente ou decidido), e as suas manifestações públicas de reverência (onde o seu carácter de excelência se revela na urbanidade e através da sedução dos gestos e das palavras). O que modera o individualismo obriga à sociabilidade e à policracia; a vida na Corte é citadina, comercial, e aparentemente pacifista porque dissimula a violência. O mundo do nobre "civilizado" deixa de ser o do risco, da aventura, da espada, do sangue e da honra, para se acomodar ao salão da intriga, da lisonja, da conspiração, do punhal, do veneno e do minuete.

---

[200] Ou papal. Se o modelo laico é o da corte Luís XIV, o modelo de cortesão papal é mais remoto, e pode recuar à corte de Avinhão, em plena Idade Média. A corte portuguesa seguia, como é sabido, e de perto, a, corte francesa. O Marquês de Fronteira explicita: a corte francesa tinha "mais magnificência e etiqueta mas o serviço interno muito se parecia com o nosso" (*Memórias*, Parte III, vol. II, p. 23).

[201] Werner SOMBART – *Amor, Luxo e Capitalismo*, trad. Adília Agostinho Baptista, a partir da ed. espanhola, Lisboa, Bertrand, 1990, p. 10.

[202] Jorge de Figueiredo DIAS – *Direito Processual Penal*, Coimbra, Coimbra Editora, 1974, vol. I, pp. 24 e ss.

Assim, a expressão "nobre cortesão" encerra em si inúmeras contradições (dir-se-ia um oximoro), fruto desde logo da sua dupla função de guarda e de prisioneiro do Rei. Este conflito de deveres e de fidelidades é um tópico comum da nobreza, que assume muitas vezes uma expressão patética. Lamenta-se o velho Afonso de Albuquerque por se ver "mal com os homens por amor de el-rei, mal com el-rei por amor dos homens". Lamoricière exprime com subtileza esses vários níveis de fidelidade, citando Montluc: "Mon âme est à Dieu, mon épée est au roi, mais mon honneur est à moi, car le roi ne peut rien dessus".[203] O Marquês de Fronteira ilustra-o também: " Fui franco com o duque. Disse-lhe que a minha vida era da Rainha, mas que a minha honra era só minha".[204]

A saída para estes dilemas é, quase sempre, uma saída suicida, individual ou socialmente. O nosso Vice-Rei atalhará "Bom é acabar". Para Lamoricière ou o Marquês de Fronteira, o risco é o afastamento da corte, o que corresponde, em certa medida (se bem que cada vez menos, dada a pluralidade crescente de "cortes", de sociedades não centradas no monarca), à inexistência social do trânsfuga, mais do que ao seu isolamento ou à sua eliminação.

Não existe aquele que não é reconhecido pelo olhar do Rei ou da Rainha (Alice, no seu País das Maravilhas, constatara já a importância desse olhar). As cartas do baralho vivem dóceis sob a perspectiva desse olhar, disputam-no como se disputassem a sua vida. Nesta hierarquia, serão os ratos da Cidade a mandar sobre os ratos do Campo. E os ratos do Campo desprezam-se por se sentirem desprezados. Resta aos que não aceitam este jogo de olhares, voltar ao Campo.[205] O nobre da Cidade é como um buxo nas mãos de Le Nôtre. Pelo contrário, o nobre da Província é um rústico arbusto de quem se não fala, quase não existe. O próprio Marquês de Fronteira quase não alude a esses primos distantes,

---

[203] *Apud* Henri de GRANDMAISON – *L'Honneur jusqu' au déshonneur,*, in "Noblesse Oblige. Les aristocrates aujourd'hui. Leurs valeurs, leur influence", dir. Yan de Kerorguen et Olivier Poivre d' Arvor, "Autrement. Revue", Paris, nº 89, avril 1987, p. 69.

[204] *Memórias,* Parte VII, vol. IV, p. 397.

[205] Deveras interessante se nos afigura a análise sociológica da literatura pastoril no séc. XVI, quando o topos da *aurea mediocritas*, imagem idealizada do campo é a nostalgia da curialização da nobreza, em várias gerações. Cf. Norbert ELIAS – *A Sociedade de Corte,* trad. Ana Maria Alves, Lisboa, Estampa, 1987, pp. 183 e ss.

bizarros e bisonhos, afastados da moda e do espírito do século. E quando o faz há nele uma certa superioridade de citadino, por os conseguir manipular com truques retóricos elementares.

Porque esses solícitos anfitriões de Província excedem-se em amabilidades e cedências se um nobre da Cidade os trata por "tu": sentem-se considerados com tal familiaridade. Tal estratégia retórica parece demonstrar-se com vários exemplos. Durante a guerra civil, o Marquês de Angeja conquistava os senhores minhotos dizendo-se invariavelmente seu parente, e tratando-os por "tu" – lisonja que constituía eficaz método para o alistamento dos "parentes" no partido liberal. Tal método só parece excedido pelo pródigo tratamento de "Excelência" que o Marquês teve de usar com o fidalgo da Brejoeira, "façanhudo miguelista", que assim se teria convertido à "causa da liberdade"... Nestas ingenuidades dos fidalgos de Província parece poder descortinar-se uma sensibilidade que corresponde, em boa medida, a uma forma de solidariedade que exprime um velho espírito de classe. O provinciano absolutista, quando tratado por "tu" pelo representante do poder do cortesão, sente-se confortado com a intimidade do parentesco: afinal, no partido contrário, havia gente dos seus, do seu sangue. E aquele que vê, no partido liberal, "rebelde", gente tão bem educada que usa o "Excelência", não pode deixar de ficar tranquilizado pelas intenções ordeiras que a linguagem cortês evidencia.

Estratégia 24.
A Estilística do Gentil-homem

A etiqueta da corte é, como muitos historiadores têm sublinhado desde os estudos de Sombart, uma forma de contenção da nobreza, sendo, por um lado, o estabelecimento de uma linguagem de elite e, por outro, o reconhecimento da hierarquia. Tal não significa – e esse facto tem sido menos salientado – que a linguagem não seja um campo de forças entre o rei e a nobreza. A etiqueta permite, pela sua imposição dogmatizadora, uma ordem e harmonia gerais do mundo. Mas propicia, até de uma forma eficaz porque mais velada, uma imaginação transgressora. Parecendo mordaça do espírito, acaba por se revelar uma musa inspiradora, se não mesmo instigadora. Até porque desde logo se deve distinguir, nas memórias do Marquês de Fronteira, a "cortesia" (distanciamento equidistante do espírito nobre) da "cortesania" (que é a mera lisonja ao rei).[206]

É nesse contexto (e co-texto) que "ter espírito" é indissociável da etiqueta. Esta é o corpo, mas aquele é as asas. Ou, se quisermos, numa metáfora mais realista, o seu sistema nervoso. Não dá vida, mas é sinal de vida (de vitalidade), e condição *sine qua non* – na natureza social como na natureza biológica ou na física – para a manutenção de um sistema rígido, neste caso, de um *manual de boas maneiras*. Espírito e etiqueta são refinamentos e estilizações do pensamento e dos costumes. Ambos contribuem para a pacificação social e uma convivência menos agónica. Segundo D. José de Mascarenhas, tudo se pode dizer em sociedade, porque todo o conflito pode ser polido, se as partes em conflito se esforçarem na contenção da violência. Numa sociedade em que naturalmente há conflitos, é o ritual da etiqueta a forma que permite ao espírito sobreviver ao círculo infernal da corte, esse *huis-clos* de que sempre se evita sair.[207]

A contenção aristocrática é, assim, aquele *plaisir aristocratique de déplaire*, de que falava Baudelaire. Mas "seguir a etiqueta", não é igual a "ter espírito", "Seguir a etiqueta" pode ser uma atitude fútil ou útil. Pelo contrário, "ter espírito" não garante qualquer utilidade ou futilidade ao dito. A etiqueta é submissa, o espírito é naturalmente inquieto. Como um tigre, o espírito pode ser domado, mas não domesticado: permite convivência, mas está longe de significar obediência. Obediência política ou obediência amorosa. Veja-se o *calembour* do Conde da Redinha, que, indo um dia em passeio numa burricada, acompanhando umas senhoras de boa sociedade, teve de responder a esta pergunta insólita:

---

[206] A distinção é feita a propósito de um episódio do Cerco do Porto, quando D. Pedro, jantando com os seus oficiais, criticava os que mais do que ele bebiam, e que era pouco. A um excelente apreciador da bebida de Baco, que aconselhava o Marquês de Fronteira a não beber mais do que um copo, responderia este que o não faria, por considerar tal atitude uma lisonja hipócrita e "cortesana" para com o Rei (*Memórias,* Parte III, vol. II, p. 295).

[207] Numa ocasião em que estava em grande litígio com os regeneradores ("estávamos completamente fora da sociedade e não íamos à corte"), foi convidado D. José para um "monstruoso jantar". As salas estavam plenas de adversários. Contudo, afirma o memorialista: "Todos falaram a meu irmão (...) igualmente todos me falaram a mim (...). O jantar, apesar da má situação em que estávamos com os regeneradores, passou-se como é costume em boa sociedade" (*Memórias,* Parte VIII, vol. IV, p. 426).

"– Se V. Exa. não fosse Conde da Redinha, o que desejava ser?".
Ao que o cortesão retorquiu com gentil ambiguidade: "– Burro, minha senhora, para gozar da companhia de V. Exa.".[208]

O espírito pode ser a pergunta incómoda, a resposta atrevida, a falsa ingenuidade (a que os ingleses chamam *understatement*). E as suas figuras de retórica preferidas encontram-se nos *jeux de mots* (que dissimulam as diferenças ou semelhanças de significado), no eufemismo (que, como veneno, esconde a violência do resultado), na ironia (que transfere do Emissor para o Receptor a responsabilidade pela maldade do sentido), na litote (que diz mais pela negativa, "não é muito esperto", do que pela afirmativa; "é tolo"). O facto de haver muito subentendido e muita dissimulação no espírito e na etiqueta tem contribuído para que estes sejam confundidos. Diria Eça de Queirós que, erradamente, a "palavra *espírito* tem sido amesquinhada: fazem-na significar as saídas picantes da conversação engraçada, o *bon-mot*, o *lazzi*, a chalaça. Mas ela é uma mais alta entidade: é a crítica pelo riso; é o raciocínio pela ironia".

"Ter espírito" pressupõe uma contenção estética. É uma questão de "bom gosto" e, num sentido consensual que esta palavra pode ter, pressupõe uma mesura – significando aqui a palavra "mesura", quer o "juste milieu" quer o descomprometido "salamaleque". Para o Marquês de Fronteira, os exemplos de bom gosto acompanham a elegância verbal. Na vida social, é de mau gosto quer o mutismo (não confundir com o silêncio significativo), quer o excesso de palavras (próprio dos "secantes" ou dos "'cometas").[209] São exemplos de bom gosto a simplicidade e pureza de linhas da casa do Duque da Terceira; a autenticidade da renda do barrete de dormir do fidalgo Constantino; a elegância da criadagem ao serviço do Conde de Sabugal, ou a excelência discreta dos seus copeiros e cozinheiros.[210] São exemplos de mau gosto as grandes ramagens do vestido de uma Condessa que falava demais, o centro de mesa tilintante de bonecos da China de um fidalgo da província. Ou até, com auto-ironia, a decoração da pri-

---

[208] *Memórias*, Parte I, vol. I, p. 72.
[209] *Memórias*, Parte II, vol. I, p. 397, p. 402, Parte III, vol. II, p. 67 c *passim*.
[210] *Memórias*, respectivamente Parte VI, vol. III, p. 291, Parte II, vol. I, pp. 377-8 e Parte I, vol. I, p. 116.

meira residência de casado do próprio Marquês de Fronteira.[211] Pois também ele pecara, porque arrumara no sótão os velhos móveis de família e comprara móveis de estilo moderno, de mogno. Substituíra o serviço das Índias pala faiança inglesa. E tinha comprado um vistoso *plateau* para centro de mesa. Etc. O que o unira então à Condessa e ao fidalgo de Província? Todos tinham cedido ao passageiro, à moda. Como bárbaros, novos-nobres ou novos-ricos, tinham renegado a tradição, ou ignorado a continuidade. E também o valor do austero, do clássico e do castiço comedimento.

O bom gosto aristocrático – tal como o facto de alguém "ter espírito" – é marcado tanto pela norma como pela transgressão. Porque o nosso fidalgo é um atento observador do extraordinário, do pitoresco, em suma, do original. Numa paisagem, não aprecia somente a variedade dos barcos ancorados no cais, ou o variegado dos trajos dos camponeses ou dos cortesãos.[212] Aprecia também a natural extravagância de sua avó, a Marquesa de Alorna, montada num burro com um chapéu de palha que pedira de empréstimo a um pescador. Ou o chapéu branco, de abas verdes, que sempre ostentava o conde do Funchal.[213] Porque são "gente de espírito", a extravagância é neles natural e sinal de bom gosto.[214]

Estratégia 25.
Mudar para permanecer

O Marquês de Fronteira não parece ter experimentado a mais pequena dúvida sobre a data em que o mundo social mudou: o ano de 1846,[215] no final do período político do Cabralismo. Repete amiudadamente que a sociedade, antes, convivia mais,

---

[211] *Memórias,* Parte II, vol. I, p. 226.

[212] Respectivamente, *Memórias,* Parte III, vol. II, p. 52, e Parte II, vol. I, p. 246.

[213] Respectivamente, *Memórias,* Parte II, vol. I, p. 233.e Parte III, vol. II, p. 79.

[214] Aqui se define um conceito de gosto aristocrático, não popular, pois que o gosto aristocrático permite na norma a sua transgressão, coisa que no popular seria desvalorizado. Cf. a referência de Bourdieu à definição de Belo dada por Kant, em que se distingue o que agrada do que dá prazer (Pierre BOURDIEU – *La distinction. Critique sociale du jugemenl,* Paris, Les éditions de Minuit, 1985, p. V *et passim).*

[215] *Memórias,* Parte VII, vol. I, p. 43: "Triunfou o progresso político, mas retrogramados muito no progresso civilizador (...) é preciso confessar que, do ano de 1846 para cá, a sociedade lisbonense muito perdeu da sua animação. Talvez que os cafés, as casas de pasto, os clubes, as lojas maçónicas e outras habitações proibidas estejam mais animadas,

era mais animada, em Sintra ou em Lisboa. E não nos custa acreditar nele, se recordarmos a referência que faz àquele baile em que se dançou sem música, porque a capital estava ameaçada pelas tropas miguelistas e se não podia fazer barulho à noite.[216] Ou quando, em plena campanha militar, nos dá a saber que os oficiais recusavam convites [...] por estarem "fartos de festas".

Que indícios se vinham insinuando já, de antes, para que se consumasse uma tal mutação?

1. Desde logo o Marquês parece identificar uma maior passividade cultural. Observemos as brincadeiras das crianças, do pequeno Marquês de Fronteira e dos seus irmãos. Vemo-los brincar com comuns baloiços, fazer míticas explorações nos jardins, montar uma pequena catedral onde rezavam missa. Mas também iniciar-se em novas e proibidas recreações: as actuações cénicas. "O nosso maior desejo era arranjar um teatro. A igreja começava a enfastiar-nos".[217] Furtivamente – pois o preceptor, o padre Allen, era um feroz antagonista dos teatros –, conseguiram as crianças ensaiar nada menos que três pequenas peças. A altura escolhida para tais transgressões foi, evidentemente, o Entrudo. Mas o êxito da brincadeira infantil foi tamanho que até mesmo os vizinhos frades de S. Domingos encheram a sala, "retirando-se muita gente por não ter lugar".[218] Sabemos também que, na mesma época, a viscondessa de Balsemão escrevia pequenas peças de teatro para serem representadas por seus netos.

Nas brincadeiras das crianças se reflectem as actividades culturais dos adultos. Mas o universo infantil é mais conservador: no mundo dos adultos, este amor pelo teatro deixa progressivamente de ter lugar no salão mais ou menos literário. O teatro abandonará, em grande medida, o espaço familiar das assembleias ou partidas setecentistas e vê-lo obrigará, ao longo da segunda metade do século XIX, a ir ao teatro/ espaço público. O espectador torna-se um mero consumidor do que outros criaram e encenaram. A casa do nobre deixa de ser a sua pequena corte, para passar a ser o seu castelo, melhor, a sua torre de marfim.

---

mas os salões da boa e primeira sociedade de uma capital como Lisboa estão desertos, escuros, e parecem enlutados.".

[216] *Memórias,* Parte V, vol. III, p. 19.

[217] *Memórias*, Parte I, vol. I, p. 126.

[218] *Memórias*, Parte I, vol. I, p. 127.

Já não conversa no salão, mas discute no café. Não organiza o divertimento, é divertido por outros, que lho organizam. Os salões da Marquesa de Alorna são vistos pelo neto como sinais de uma certa teimosia, numa época de penúria financeira.[219] Os frequentadores de salões do início do século XIX pareciam ter "extravagância" distinta da dos *habitués* do café.[220] E se a destes cresce, a daqueles diminui. À míngua de participação e criatividade, definha, talvez não a sociabilidade, mas um certo tipo de sociabilidade.

E não são só os jantares, os bailes e os salões que vão decrescendo em número e em fausto. É sobretudo o facto de os acontecimentos familiares – como baptizados, casamentos, funerais – terem progressivamente abolido as manifestações mais evidentes da etiqueta, da pompa, ao perderem o seu carácter público. D. José de Mascarenhas diz expressamente, referindo-se ao casamento do Conde de Castelo Melhor, a que tinha ainda assistido: "as ruas estavam cheias de povo e as janelas guarnecidas de senhoras. Naquele tempo, os habitantes da capital tomavam parte nas festas de família da aristocracia e faziam-lhe distinções de que eu mesmo me maravilho hoje. Uma das legiões tinha formado alas no passeio público, junto à casa dos noivos! Tal era o prestígio e consideração de que então gozava a nobreza!".[221]

2. Uma segundo aspecto da mudança é a laicização cultural. A associação dos nobres e dos clérigos era secular. Bom testemunho de tal facto era a ligação da casa de Fronteira com os frades dominicanos seus vizinhos em Benfica. Mas com os tempos revolucionários, mantendo-se embora a convivência social, foi desaparecendo o seu carácter público. A ponto de se ter extinguido naturalmente e por desuso uma festa muito concorrida e animada, as *domingas* de Maio, em que ambos os "clãs" con-

---

[219] *Memórias*, Parte VI, vol. III, p. 262.

[220] Cf. *Memórias*, Parte I, vol. I, p. 87, onde explicita: "O Marquês de Niza não era um extravagante do Marrare ou Nicola: era um extravagante de boa sociedade."

[221] O Conde de Castelo-Melhor, apesar de ter a casa em ruínas, teria oferecido à capital um desses últimos consórcios públicos, "com etiqueta aristocrática e magnificência nunca mais vista". O noivo usava um fato de diamantes, e as carruagens, ricamente decoradas, eram inúmeras (cf. *Memórias*, Parte I, vol. I, pp. 88 e 104). Pelo contrário, o próprio Marquês de Fronteira, quando nasceu a sua única filha, rompe com dois preceitos fundamentais da etiqueta: não a baptiza nas quarenta e oito horas seguintes, porque deseja, ao contrário do costume, que a mãe esteja presente no acto; e circunscreve os convidados da festa aos parentes mais próximos.

corriam com as suas "multas" e "prendas", e em que havia, como numa feira, ampla participação popular.[222] A expulsão dos frades, depois da guerra civil, aumentou o fosso já anteriormente cavado pelos fervores maçónicos. E não esqueçamos o desaparecimento dessa tão importante manifestação cultural, os outeiros, de que D. José ainda nos dá alguns exemplos durante toda a primeira metade do séc. XIX.[223]

De sublinhar ainda a nova face da Igreja: não só a notícia daquele padre que, inflamado pelas novas ideias, "era indiferentista em matéria de religião":[224] mas a da imagem do Papa Leão XII, governante democrático e liberal. Registe-se ainda a informação sobre o tempo que passaram a demorar os sermões do Papa, em Roma: brevíssimos para não cansar a audiência... [225]

3. Um terceiro aspecto da mudança é a desvalorização da cultura literária e humanística em geral. A educação de um jovem fidalgo circunscrevera-se, durante séculos, ao conhecimento do Latim, da História e da Geografia.[226] Lembramo-nos daquele moço a quem D. João teria dado contrafeito um lugar na Corte por o achar ignorante, desconhecendo o cortesão as coplas do célebre Manrique que começavam *Recuerde el alma dormida*.[227] Mas seriam estas as boas referências literárias as necessárias para a sobrevivência social no séc. XIX?

---

[222] *Memórias,* Parte I, vol. I, pp. 80 e ss..

[223] *Memórias, v.g.,* Parte II, vol. I, pp. 365-6. Registe-se ainda um baile entre senhoras e freiras com trajes militares *(idem,* p. 373) ou a *internacionalmente* citada ligeireza das freiras de S. Gonçalo, na Ilha Terceira (Parte IV, vol. II, p. 221).

[224] *Memórias,* Parte VI, vol. III, p. 300.

[225] *Memórias,* Parte III, vol. II, pp. 85 e ss. e p. 92.

[226] Nas *Memórias* (Parte I, vol. I, p. 145) refere-se a importância que a velha Marquesa de Aloma conferia ao estudo da Geografia. Não deixa de ser curioso verificar que as chamadas "bernardices" ou "boutades" de cultura quase se restringem às histórico-geográficas. Tal é o caso daquele jantar em Alcobaça em que, afirmando o Abade Geral que sabia de fonte segura ser a salvação de Napoleão a descoberta de um caminho por terra para Inglaterra, obteve como confirmação o dito de um frade de que o tinha lido num autor francês (*Memórias,* Parte II, vol. I, p. 426). Ainda a este propósito, não deixamos de achar muito curioso que, segundo o depoimento de uma aristocrata francesa do séc. XX, Marguerite de Rohan Chabot, fosse imperdoável no seu colégio de meninas fidalgas ter más notas a Geografia, História, Francês, Inglês e, em menor grau, a Latim (in "Noblesse oblige", p. 27).

[227] Anón. – *Ditos Portugueses dignos de memória. História íntima do século XVI.* anotada e comentada por José Hermano Saraiva, Lisboa, Publ. Europa-América, s.d., p. 45.

Os episódios narrados parecem dizer-nos que não. Atentemos no "Ministério Primavera", nome que foi dado a um governo de intelectuais, já no desespero já de se encontrar estabilidade para o país. Era ele formado pelo Barão da Luz, pelo Barão de Almofala, pelo astrónomo Franzini, sábios que frequentemente discutiam no conselho de ministros em Latim. Parecia em tudo – e no dizer do próprio Franzini – uma perfeita academia.[228] Num jantar de homenagem ao novo almirante inglês, ficou o ministério calado [...] porque não era forte em línguas estrangeiras. Teria comentado o britânico, depois de os ministros terem abandonado o barco em que se realizou o banquete:

"– Não falam, não comem, não bebem, não fumam. O que querem fazer com esta gente?"[229]

Os tempos iam maus para o Latim e a História e, também para a etiqueta. A ausência da corte no Brasil e a vinda do rei D. João VI em pleno fragor revolucionário, impôs uma democratização abrupta da corte de Lisboa. O ataque à etiqueta era cerrado. A moda dos *exaltados* (os liberais, apoiantes de D. Pedro), por oposição à dos *ordeiros* (genericamente tidos por absolutistas, defensores da legitimidade de D. Miguel, vestidos com o grande uniforme), era uma sobrecasaca, ou casaca preta, com lenço preto, muitas vezes acompanhada pelas "botas por engraxar e a barba por fazer". Primava-se pela negligência no vestuário.[230] Falava-se em recusar o beija-mão ao Rei: é mais fácil começar por destruir a forma, esperando que com ela se destrua o sentido. Na recepção ao Rei, regressado do Brasil, um deputado usou o vocativo "Vossa Majestade" quando se dirigia, não ao Rei, que estava presente, mas ao Presidente das Cortes, numa clara confu-

---

[228] Um dia, o astrónomo gritou aos colegas que tinham chegado notícias importantes de Sintra. E julgando estes que se tratava de notícias eleitorais daquela circunscrição, ficaram sabendo que tinha chegado um pormenorizado relatório do boticário Pinto daquela vila, sobre a pluviosidade, onde se afirmava terem caído, em curto período de tempo, vinte mil pipas e doze almudes de chuva (*Memórias,* Parte VII, vol. IV, pp. 270 e ss.).

[229] *Memórias,* Parte VII, vol. IV, pp. 273-4.

[230] *Memórias,* Parte VI, vol. III, pp. 137, 146 e 212. De salientar o quanto o aristocrático Marquês de Fronteira, que fez inicialmente parte dos *exaltados,* se sentia acanhado com as "maneiras rústicas" e o modo de trajar dos seus correlegionários.

são entre os velhos e os novos poderes. O engano a todos pareceu muito significativo, se não intencional.[231]

Porque o que decide da sobrevivência de um governo passa a ser, não a confiança do Rei, mas a sua capacidade de resistir aos ataques do Parlamento. O antigo cortesão não tinha sido treinado para as lides oratórias da assembleia, mas para os bons ofícios de corredores, câmaras e chancelarias. Era-lhe exigido agora uma retórica invertida, o contrário da mesura e da discrição em que tinha sido instruído. Doravante era necessário o pulmão forte do advogado e a sua retórica para convencer. Era necessário lutar não contra intrigas de salão, mas contra calúnias de jornais. Mais do que História, seria necessária essa "economia política" que fez furor de modernidade e passou a ser ensinada na universidade e em vários cursos. E nessas tácticas não eram especialistas os nossos titulados. Fala-se de um estranho baile no real palácio de Belém, organizado pelo duque de Saldanha, e para o qual foram convidados ferozes antagonistas da Rainha. Os frequentadores do Paço não são já escolhidos pelos Reis, mas pelos seus ministros.[232]

Para o nobre, este é um mundo às avessas. Leonor de Almeida, a velha Marquesa de Alorna, zangou-se *compreensivelmente,* com o neto por ele ter aceitado ser deputado. E também se indispôs com o Duque da Palmela porque, na Câmara, ripostou a uma interpelação do Doutor Barjona. Ela, se fosse ao Duque, teria posto fora do Parlamento o dito, em nome da Rainha.[233]

É preciso mudar para permanecer. Embora seja necessário definir previamente o que queremos, como queremos e porque queremos permanecer. Voltamos a Alice e ao seu ambíguo País das Maravilhas. Para *jouir de soi* é preciso definir previamente

---

[231] D. João VI responderia também com a arma da etiqueta. Na mesma cerimónia, despede-se do chefe do exército com o santo. Logo na primeira terça-feira, restabelece as audiências públicas. O santo era o *símbolo* da fidelidade e controlo das forças armadas da nação. As audiências eram o contacto com o povo sem a mediação do Parlamento (cf. José de ARRIAGA – *História da Revolução Portuguesa de 1820,* Porto, Livraria Portuense, 1887, vol. II, p. 530). A confirmar esta democratização abrupta está o comentário do abade Correia da Serra que, ao regressar dos EUA, e depois de haver lido a Constituição de 1822, a achou ainda mais democrática que a americana *(Memórias,* Parte II, vol. I, p. 298).

[232] *Memórias,* Parte VIII, vol. IV, p. 438.

[233] *Memórias,* Parte VI, vol. III, p. 264.

o nosso reduto último, aquele que o tirano nunca ultrapassará. Por vezes é preciso deixar correr o tempo. Demoramos sempre a despirmo-nos do supérfluo. A distinguir entre o que é para nós importante e aquilo que nos dizem ser importante. A distinguir também no tirano, como faz Sócrates em *Górgias*, entre fazer o que nos apraz e ter o que mais queremos. Sob muitos aspectos, o tirano faz o que quer sem ter nunca o que quer.

São simbólicas as mudanças de casa do Marquês de Fronteira. Primeiro, deixou a sua residência em Benfica, trocando-a pela de S. Pedro de Alcântara, mais pequena, mas mais central, mais próxima das Cortes, que não da Corte. Nos largos tempos em que fica na oposição, transita de novo para Benfica, procurando escapar às ameaças e às manifestações à porta de casa. As reflexões últimas vão para aquela Corte na Aldeia que serve de refúgio ao necessitado, ao desterrado ou ao espírito leal a si próprio. A propósito da viúva de um seu amigo, "feita para a corte muito mais que muitas senhoras que na corte nasceram", a diz forçada a viver na aldeia, por falta de meios, "com mais prejuízo da corte que dela, porque a aldeia, vendo-se filosoficamente as coisas, vale mais do que a corte".[234]

Nada é inteiramente novo debaixo do sol, nada envelhece nem morre sem apelo. Na sociedade, como na natureza, apenas tudo se transforma. O parlamentar conservou os horários da nobreza, os seus lugares, apenas adicionou um plural à Corte, apropriou-se do Espírito Santo na Constituição, e criou não ainda um novo-rico, mas um novo aristocrata. Mantém-se assim, tanto quanto possível, tempo, espaço, personagens.

As tiranias de hoje são mais tecnológicas e menos ideológicas. O tirano disfarça-se numa indiferenciada ideologia da liberdade e da democracia, com a qual se torna mais subtil a luta e que exige uma resistência cada vez mais subtil. A maior parte das ditaduras políticas usam o nome da democracia e da liberdade. A tirania esconde-se sob as roupagens da segurança, seja a segurança individual seja colectiva. Quer nas questões da propriedade quer nas questões da espiritualidade.

Simónides, num tempo em que a tirania era ingénua e menos dissimulada, não deixa de sugerir algumas possibilidades

---

[234] *Memórias*, Parte VI, vol. III, p. 285.

maquiavélicas para o poder do tirano. Deve este distribuir os prémios e encarregar outros de executar os castigos; que o tirano não descuide o afecto do povo, que veria nele um justiceiro e um defensor.[235]

Vivemos hoje com esses novos tiranos. E também eles hão-de gerar os seus executores, enquanto esperam por uma revolta mais ou menos palaciana. Estratégia última e colectiva, que a Retórica não legisla.

Estratégia 26.
O contagioso riso dos deuses

Ainda que o mundo da diplomacia se mantivesse mais protegido das violentas mudanças do comportamento colectivo, não deixou de ser por elas abalado. A reforma do corpo diplomático, feita por Silvestre Pinheiro, ao substituir conceituados Ministros Plenipotenciários por inexperientes Encarregados de Negócios ou até meros Cônsules, revelar-se-ia desastrosa, desde logo porque, retaliando, os governos europeus passaram a nomear igualmente inexperientes cônsules para Lisboa.[236] Júlio Gomes da Silva Sanches, que foi ministro do reino tantas vezes quantas quis, é o modelo do novo cortesão. Para tal papel foi apurando a etiqueta:

> "[…] ficou num desalinho tal, que todos se espantavam dos maus coletes de cetim com grandes ramos, das gravatas de seda, para substituir as de casca e das luvas de seda transparente, triste economia para evitar a despesa das luvas de pelica. Pôde vencer alguns defeitos da primeira educação campestre, mas nunca perdeu o mau hábito de se assoar com as duas mãos e de guardar o palito por muitas horas depois de jantar. Estas pequenas faltas que, no entanto, denunciavam o pouco hábito do mundo, tornavam-se notáveis na corte da Rainha D. Maria II. Mas tanto teimou o ilustre ministro do reino daquela época, que estabeleceu o

---

[235] Xenofonte, *Hiérão*, in Leo STRAUSS – *De la Tyrannie*, traduit de l'anglais par Hélène Kern, précédé de *Hiéron* de Xénophon et suivi de *Tyrannie et Sagesse* par Alexandre Kojève, Paris, Gallimard, 1983, p. 32. Esta perspectiva está especialmente desenvolvida, passim, no texto *Tyrannie et Sagesse*, de Alexandre Kojève, *v.g.*, p. 227.
[236] *Memórias*, Parte II, Vol. I, p. 266.

triste precedente e deu a moda: a maioria dos cortesãos do augusto filho da Rainha D. Maria II assoam-se segundo o exemplo do antigo ministro, e palitam os dentes por horas esquecidas depois dos grandes banquetes reais. Eu mesmo, que faço estas inocentes observações, quando tenho a honra de concorrer aos reais banquetes, sigo as modas introduzidas pelo meu antigo companheiro de emigração, Júlio Gomes da Silva Sanches, para não escandalizar os meus colegas. Já me assoo com as duas mãos e guardo o meu palito por horas esquecidas".[237]

Deve salientar-se que muitas vezes o que consideramos espírito é somente uma forma a que somos mais sensíveis. Convém não nos fixarmos em certos pré-conceitos. Tendo começado por ser a base de algum pensamento original, os pré-conceitos devem ser revisitados: para se não transformarem em preconceitos. Agindo como o plebeu Júlio, o aristocrata Marquês de Lavradio é ironicamente considerado (apenas?) um *extravagante.*

Aprendamos a rir de nós próprios. Mas rir com superioridade, sem mágoa, desprendidamente. O maior perigo para os que atacam os tiranos é acabar por ser como eles. Ironia tanto maior quanto o oposto também sucede: o tirano eliminou entretanto todos os que dele teriam piedade ou lhe permitiriam alguma espécie de sobrevivência.

A História nunca está definitivamente escrita. Para os tiranos como para os que a eles resistem.

E que o esteja!

Em qualquer um dos casos, o que nos tolhe? O destino é tão libertador quanto a liberdade é fatalista. Para ensinar que a História não é um Destino, que se ensine a História. Para se destruir a força da Retórica, de muito vale ensinar Retórica.

"Tudo tem o seu tempo determinado, e há tempo para todo o propósito debaixo do céu. Há tempo para nascer, e tempo de morrer; tempo de plantar e tempo de arrancar o que se plantou; tempo de matar e tempo de curar; tempo de derribar e tempo de edificar. Tempo de chorar e tempo de rir; tempo de prantear e tempo de saltar; tempo de espalhar pe-

---

[237] *Memórias,* Parte VI, vol. III, pp. 242 e ss.

dras e tempo de ajuntar pedras; tempo de abraçar e tempo de afastar-se de abraçar; tempo de buscar e tempo de perder; tempo de guardar e tempo de deitar fora; tempo de rasgar e tempo de coser; tempo de estar calado e tempo de falar; tempo de amar e tempo de aborrecer; tempo de guerra e tempo de paz. [...] Todos vão para um lugar: todos são pó e todos ao pó tornarão. Quem adverte que o fôlego dos filhos dos homens sobe para cima e que o fôlego dos animais desce para baixo da terra?

Assim que, tenho visto que não há coisa melhor do que alegrar-se o homem nas suas obras, porque essa é a sua porção".[238]

Não mais. Não menos.

---

[238] Ec., 3, 1-8 e 20-22.

Impressão:
Evangraf
Rua Waldomiro Schapke, 77 - P. Alegre, RS
Fone: (51) 3336.2466 - Fax: (51) 3336.0422
E-mail: evangraf.adm@terra.com.br